性別違和・性別不合へ

性同一性障害から何が変わったか

針間 克己 著

緑風出版

目次

性別違和・性別不合へ
性同一性障害から何が変わったか

はじめに・8

1
DSMとはなんだろうか

11

(1) DSMとは・12 ／(2) DSM-Ⅰ、DSM-Ⅱ・13 ／(3) 「シュリンク」・13 ／(4) 反精神医学運動・15 ／(5) 同性愛者の権利運動・16 ／(6) ロバート・スピッツァーの登場・18 ／(7) チャールズ・ソカリデス・19 ／(8) 性的指向障害・20 ／(9) DSM-Ⅲ の誕生・21 ／(10) 精神医学のバイブルに・24 ／参考図書・27

2
ICD とはなんだろうか

29

(1) ICD とは・30 ／(2) ICD の歴史・31 ／(3) ICD の作成過程・32 ／(4) ICD と DSM・32 ／(5) ICD-11 の性別不合と DSM-5 の性別違和はなぜ異なるものとなったか・34 ／(6) ICD-11 案に対するコメント・36

3
病理化と脱病理化とはなんだろう

43

(1)　病理化と脱病理化・44 ／(2)　病理化される前の時代・47 ／(3)　病理化の始まり・47 ／(4)　身体的性別とジェンダー・アイデンティティを一致させる治療・48 ／(5)　門番としての精神科医・50 ／(6)　同性愛の脱病理化・51 ／(7)　トランスジェンダー概念の誕生・53 ／(8)　同性愛をモデルとしての脱医療化の動き・54 ／(9)　DSM-5 の性別違和・56 ／(10)　ICD-11 の性別不合・56 ／(11)　日本の性同一性障害・57 ／(12)　LGBT・59 ／(13)　SOGI・62

4
DSM-5 の「性別違和」を詳しく見てみよう

65

(1)　DSM-5 における「性別違和」の診断基準・66 ／(2)　DSM-IV-TR の「性同一性障害」とどこがどうかわったか・68

5
ICD-11 の性別不合を詳しく見ていこう

89

(1)　性別不合は「精神及び行動の障害」から「性の健康に関連する状態」へ・90 ／(2)　「conditions」を「状態」と訳すか「病態」と訳すか・91 ／(3)　性別不合の診断基準・94 ／(4)　「性別不合」という診断名・98 ／(5)　性別不合は、身体治療を受けるためのものである・100 ／(6)　性別不合はノンバイナリーか・101

6
服装倒錯的フェティシズムはどうなったか？

103

(1) DSM-5 でどうなったか・104／(2) ICD-11 ではどうなったか・107

7
ガイドラインはどうなるだろう？

109

(1) ガイドラインとは何か・110／(2) ガイドラインはだれが作成すべきか・111／(3) ガイドラインの中身をどうすべきか・113

8
保険適用はどうなるだろう？

115

(1) 保険適用の現状・116／(2) 手術療法が保険適用されたが……・117／(3) ホルモン療法はなぜ保険適用されない・119／(4) 性別不合の保険適用は？・121

9
「性同一性障害者の性別の取扱いの特例に関する法律」はどうなるだろう？

123

(1) 特例法制定まで・124／(2) ステファン・ウィットル・126／(3) 生殖不能要件なしは、国際標準に・129／(4) 最高裁判決・130／(5) 「性別違和」、「性別不合」への変更と特例法・131／(6) 医療と法律・135／(7) WHO の立場・135

10
GID 学会の名称はどうなるだろう？

137

最終章
トランスジェンダーの人権と健康

143

あとがき・146

はじめに

　この本を手に取る方は、おそらくは「性同一性障害」という言葉については聞いたことがあると思います。

　日本で公的に知られる性別適合手術が行われるようになって20年がたち、性同一性障害はすっかり知られた言葉となりました。

　テレビでは、ワイドショーやニュースで、時にはドラマやバラエティでも性同一性障害は日常的に取り上げられます。新聞や雑誌、インターネットでも、よく目にすることでしょう。「性同一性障害者の性別の取扱いの特例に関する法律」という法律名にも性同一性障害という疾患名は使われ、この法律により、2018年までに8000人を超える人が、戸籍の性別を変更しています。

　このように、社会に広く浸透している性同一性障害ですが、国際的にはもはや使用されなくなってきている名称です。

　かわりに「性別違和」や「性別不合」という名称、概念に置き換わっているのです。

　当然、日本だけ性同一性障害を使い続けるわけにはいかず、今後日本でも、名称の置き換えが進んでいきます。名称が変わるだけでなく、その概念にも違いがありますので、医療や社会にも少なからず影響を与えていきます。

はじめに

　正しい理解のもとに、日本で今後どのようにその変化に取り組んでいくかを皆で考えていく必要があります。

　しかし、インターネットなどでの、書き込みや議論を見ていますと、「性別違和」や「性別不合」への十分な理解が日本ではなされていないと感じます。

　そこで、この「性別違和」と「性別不合」について、わかりやすく解説する本を書くことにしました。また、医療や法律など関連するいくつかのことについても、予想を交えつつ、筆者の意見を述べることにしました。

　変更の真っただ中でもあり、流動的な部分も多々あるのですが、議論のたたき台にもなるかと思い、不確定なことも、どんどん記しました。

　この分野に関心のある方に多く読んでいただけたらと思います。

　なお、本書では、子供の性同一性障害・性別違和・性別不合についてはほぼふれず、青年・成人の性同一性障害・性別違和・性別不合をメインに記しています。子供に関しても、いろいろと議論はあるのですが、やはり影響の大きい青年・成人についてポイントを絞りました。

9

1

DSMとはなんだろうか

この本は DSM-5 の「性別違和」と ICD-11 の「性別不合」
を解説するものです。

　でも、そもそも「DSM ってなに？」、「ICD ってなに？」と
思う人もいるでしょう。あるいはなんとなくは知っている
が、詳しくは知らない、という人もいるでしょう。そこでまず、
DSM と ICD とは何かについて、知る必要があるでしょう。本
章では DSM について、歴史的なことを見ながら、書いていき
たいと思います。

(1)　DSM とは

　DSM とは Diagnostic and Statistical Manual of Mental Dis-
orders の略語です。日本語では、「精神疾患の診断・統計マニ
ュアル」と訳されています。米国精神医学会という、アメリカ
の精神科医の学会が発行しているものです。この学会は、アメ
リカの精神科医の大きな学会ですが、あくまで民間団体であり、
政府機関や公的な団体ではありません。ポイントとしては「ア
メリカの」「民間団体による」「精神疾患」のマニュアルだとい
う事です。

　だいたい 10 年おきくらいに改定されていきます。「I」「II」
「III」「IV」というのは第何版かということで、バージョンをあ
らわします。R は revision で改定、TR は text revision でテ
キストの改定、という意味です。DSM- IV -TR は DSM の第 4
版で、診断基準は変えてないけれど、解説の文章（テキスト）
を手直しした、ということです。

現在は DSM-5 ですので、第 5 バージョンということですね。

⑵　DSM-Ⅰ、DSM-Ⅱ

DSM は最初、1952 年に第 1 版が出されます。最初は海軍で兵士の選別のために用いられたそうです。そして 1968 年に第 2 版がでます。ただ、正直なところ、この第 1 版と第 2 版については、私はほとんど知りませんし、実物を見たこともありません。私が精神科医になる前の出版物であることも一つの理由ですが、まあ、ほかの精神科医も知らないのは似たり寄ったりだと思います。中身を詳しく知っているのは、精神科の中でも、DSM の歴史を研究している特殊な一部の専門家くらいでしょう。医学部や精神科医局の図書館などでも見かけません。それは、この第 1 版と第 2 版は現在のような、分厚く盛りだくさんの内容ではなくて、ただ疾患名が並んでいるだけで、内容に乏しく、正直いって価値に乏しいものだったからでしょう。

つまり、今でこそ、世界中の精神医学界や、世間一般にも多大な影響を及ぼし、精神医学のバイブルとして君臨するDSM ですが、第 1 版、第 2 版までは、医学界への影響力も非常に少ないものだったのです。

⑶　「シュリンク」

DSM の話から、ちょっとわき道にそれますが、「shrink」の話を少しします。

「shrink」（シュリンク）というのは、侮蔑的な意味も込めて、精神科医を指す英単語です。1950年代にはやった言葉ですが、映画やドラマで英語のセリフをよく聞くと、今でも精神科医のことを「shrink」と呼ぶようです。なぜ、シュリンクと呼ぶのかがわかれば、1950年代当時の精神科医がいかに世間からうさんくさい存在だったかがわかります。

1940年代、ハリウッドでは、ジャングルへの冒険映画が流行していました。その中でのお約束が、人食い部族です。首を狩って、その狩った頭に魔術をかけて、縮めて、保存して、収集するというキャラが人食い部族の中に出てきます。

当時のハリウッド映画は、私も実際にはあまり見たことがありませんし、皆さんの多くも見たことはないと思いますが、このキャラはディズニーランドにいますね。ジャングルクルーズの途中で、原住民の部族が現れ、その中で傘をさしている1人は、縮んだ頭をたくさん持っていて、何かほかの商品と一緒に売っていますよね。あの人です。

といったんは書いたのですが、その後、確認のためインターネットで調べてみると、この首狩りおじさん、人の頭の代わりに、今はバナナを持っていました。人の頭は残酷だ、という事で手に持つ商品がバナナに変わったようです。人畜無害の夢の国、ディズニーランドとしては、何かと気を遣うご時世なのでしょう。

それはさておき。

このキャラのことを「頭」（head　ヘッド）「縮める」（shrink　シュリンク）から、「head shrinker」（ヘッドシュリンカー）と呼

んだそうです。さらに、「頭に何やら怪しい魔術をかける人」という意味が転用されて、ヘッドシュリンカーは精神科医を侮蔑的に指す言葉となります。そこからさらに短く「shrinkシュリンク」だけで、精神科医を指すようになります。1940年代に使われだし、50年代にかなり流行った言葉のようです。当時の精神科医は、有効な薬物療法もなく、明確な科学的根拠もない「治療」をしていた頃です。いかに当時、精神科医がまともな医師とは見られず、胡散臭い存在であったかをよく表す言葉だと思います。

(4) 反精神医学運動

「シュリンク」とからかわれているくらいの時代はまだましでした。1960年代になると「反精神医学運動」というのが盛り上がります。これは精神疾患の存在そのものに疑義を持ち、「病気ではなく社会が悪いのだ」というのが基本的主張となります。当然、その後の治療にも疑いを持ちます。精神障害者の処遇に人権的観点から光を与えたともいえますが、やはり当時の精神医学そのものに、信頼性がなかったのだと思います。

　当時は、共通の診断基準がなかったので、精神科医によってつける診断がバラバラでした。また、身体の疾患などでは、細菌やウィルス、身体的病変部位といった、明確な原因を見つけることができました。しかし、精神疾患では、明確な原因などわからないのに、無理に原因を見つけようとしていました。その挙句に、「無意識の葛藤」といった、まさに魔術的な解釈や、

根拠の乏しい怪しげな「生物学的要因」に原因を求めていたのです。

「精神医学は信用できない、そんなものはやめてしまえ」という主張も、当時の精神医学の実情からすれば無理もないでしょう。

この反精神医学運動は、単なるかけ声だけでは終わりません。「精神病院なんて閉鎖しろ」「精神医療なんかに予算を回すな」「大学の精神医学講座など閉じてしまえ」などの声も高まり、実際にアメリカではそういった事柄が検討されはじめていたそうです。精神医学は、大ピンチだったのです。

(5) 同性愛者の権利運動

1960年代は、同性愛者の権利運動も活発になります。黒人や女性の権利運動と共に人権運動をしていくのです。同性愛の権利運動の開始の象徴として有名なものに1969年の「ストーンウォール事件」というのがあります。ストーンウォール・インというニューヨークのゲイバーに警察が踏み込み捜査をしたことに、同性愛者たちが、抗議活動を行ったものです。これはその後、LGBTのパレードの契機にもなったものです。日本でも、ゴールデンウィークに渋谷で盛大に行われるようになったLGBTのパレードの原点ですね。2019年は、ストーンウォール事件50周年の節目の年でもありました。2015年には「ストーンウォール」として、映画化もされましたので、見てみるのもよいでしょう。ストーンウォールを一つの契機に、その後

1 DSMとはなんだろうか

も、さまざまな形で同性愛の権利運動は盛り上がっていくのです。

そのように盛んになっていった同性愛者の運動の中で、彼らの主要な主張の一つとなったのが、同性愛を精神疾患として扱うのをやめさせろ（脱病理化）、というものでした。その中で、DSM-Ⅱが標的となりました。さきほど、DSM-Ⅱは内容に乏しいといいましたが、それでもリストはリストです。DSM-Ⅱでは、「性的偏倚（sexual deviations）」の中に同性愛はありました。

以下の通りです。

302　性的偏倚

302.0　同性愛
302.1　フェティシズム
302.2.　小児愛
302.3　服装倒錯
302.4　露出症
302.5　窃視症
302.6　サディズム
302.7　マゾヒズム
302.8　そのほかの性的偏倚

21世紀の私たちからすれば、このリストの並びは驚きますが、当時は、このような理解だったのです。当然、同性愛の人

たちは、このリストからの削除を強く求めたわけです。

(6)　ロバート・スピッツアーの登場

　こういった、反精神医学の盛り上がり、同性愛者からの精神疾患リストからの削除運動という、精神医学にとっての大ピンチに表れたのが、精神科医のロバート・スピッツアー（Robert Leopold Spitzer）です。

　とはいうものの、このピンチを救うべく、ラスボスとして大御所精神科医が遂に登場！というわけではありませんでした。スピッツアーは 1932 年生まれです。1966 年に DSM-Ⅱの作成委員に選ばれたときは、まだ 34 歳です。優秀ではあったのでしょうが、抜群の業績があったわけではありません。いまでこそ、精神医学界にバイブルとして君臨する DSM ですが、当時はいかに皆の関心がなく、その作成が雑用とみなされ、若手に押し付けられるような仕事であったかということです。34 歳という若手のスピッツアーが委員を務めたことが、そのことを示していると思います。

　しかし、人間の運命というのは不思議なものです。頭の固くなった大御所たちとは違い、34 歳という若さだったからこそ柔軟な思考を持ち、同性愛の問題について、先入観なくスピッツアーは取り組めたのです。

　DSM-Ⅱの委員となったスピッツアーは、もともとは同性愛の友人も知人もいなかったそうです。しかし、同性愛者の訴えに、真摯に耳を傾けるようになります。また、同性愛者の精神

科医の秘密の集会にも参加し、彼らと議論したりもします。あるいは、学会で、同性愛を精神疾患と考える医師と、疾患でないと考える医師の間で、公開討論会を開き、賛否の意見を戦わせます。そのような経験を積む中で、スピッツアーは同性愛が精神疾患ではないと確信するようになりました。

(7) チャールズ・ソカリデス

　一方で、同性愛を精神疾患と強く主張する精神科医も当時は多くいたのです。代表的な人物が、精神分析家でもあった、チャールズ・ソカリデス Charles W. Socarides という人です。彼は、同性愛は「父親の不在と、過度に溺愛する母親」に原因がある、神経症的適応として同性愛をとらえていたのです。1922 年生まれの彼は、働き盛りの 1960 年代、70 年代にも熱心に「同性愛の治療」に取り組み、書籍もいくつも出版していたようです。

　2005 年に 83 歳で亡くなりますが、一生、その信念を変えなかったようです。「自分は、同性愛の患者の 35% を異性愛者へと治療した」とも語っています。

　そんなチャールズ・ソカリデスには、リチャード・ソカリデス Richard Socarides という息子がいました。彼は青年時代になると、ゲイであることを父親にカミングアウトします。さらに、その後、ゲイの人権運動に邁進し、クリントン政権では大統領補佐官となり、米国全体の LGBT の人権問題に取り組むことになったのです。

この２人の親子関係が気になりますね。インターネットで
チャールズ・ソカリデスへのインタビュー動画があったので見
てみました。

　「Richard Socarides Recalls Coming Out To His Dad, One
of the Founders of Conversion Therapy」

　https://imfromdriftwood.com/richard-socarides/

　この動画によると、ある日父にカムアウトしたら、しばら
くして、父から返事があったそうです。そこにはこんなことが
書いてあったそうです。

　「怒ってしまって悪かった。あなたは私の人生において私に
とって最も大切な人です。私はあなたを愛しています。私にと
って大切なのはあなたの幸せです。そして同性愛であることが
あなたを幸せにするものなら私はあなたを支えたいと思いま
す」

　父は、生涯、仕事としては同性愛治療を続けたものの、家
庭では息子の同性愛に理解があったのですね。ちょっとほっと
しました。でも、息子へ向けた愛情と同じように、クライエン
トのゲイの人たちに対しても、彼らの幸せを第一に考え、支え
ていくことに情熱を注げばもっと素晴らしかったのに、とも思
います。

⑻　性的指向障害

　話をスピッツァーに戻しましょう。先ほど述べたように、
「同性愛は精神疾患ではない」と考えた彼でしたが、簡単にリ

1　DSMとはなんだろうか

ストから削除、というわけにはいきませでした。

一つには、ソカリデスを中心とした、同性愛を精神疾患と
みなす大御所たちの存在です。

そして、もう一つは、反精神医学運動でした。反精神医学
運動は、すべての精神疾患をなくせ！と主張していました。同
性愛を精神疾患から外した時、「他のもはずせ!!」とドミノ倒
しのように、ほかの精神疾患も病気扱いをやめないといけない
事態になるのを恐れたのです。スピッツアーもほかの精神疾患
に関しては、疾患ではないとは思っていませんでした。

このように、同性愛を精神疾患から外したいけど外せない、
という難しい状況にスピッツアーは置かれていたのです。

でも、そのような難局を解決する妙案をスピッツアーはひ
ねりだします。「sexual orientation disturbance」(性的指向障害)
という疾患を考え出したのです。これは、同性愛そのものは精
神疾患ではない、ただ、本人がそのことで苦悩している場合は、
精神疾患とするという考えです。一種の折衷案ではありました
が、同性愛存続派も撤廃派も、まあ妥協できる内容でしたので、
1973 年の米国精神医学会の理事会で、無事承認されることに
なります。1974 年の DSM-Ⅱの改訂版で、この「性的指向障
害」は同性愛にとりかわることになったのです。

⑼　DSM-Ⅲ の誕生

同性愛の問題は、「性的指向障害」という妥協案で、とりあ
えずは一息ついたのですが、精神医学のピンチは続きます。反

21

精神医学の猛攻は続きます。この猛攻に反撃するには、きちんとした診断システムが必要とされたのです。そこで、新たな診断基準としてDSM-Ⅲを作成することになります。このDSM-Ⅲ作成の委員長に1973年指名されたのが、スピッツアーだったのです。当時彼は41歳です。まだ若いとはいえ、はじめてDSM-Ⅱの委員になった時の、雑用係？とは、違います。同性愛の難問に対処し、見事に解決策を見出した、やり手の働き盛りのエースとして、委員長に任命されたのです。

　新たな診断基準を作るにあたり、最大の問題は精神疾患の「原因」でした。身体疾患の多くの場合、診断において重要なのは、その原因です。精神疾患も身体疾患と同様に、原因によって、診断を当時はしようとしていました。ただ、残念なことに精神疾患の多くは（現在もですが）、原因がはっきりしていませんでした。精神分析家は、家庭環境や生育歴に原因を求めようとしますが、その人の人生のどこにどう着目するかで、さまざまな「原因」が考えられます。精神分析に批判的な生物学的精神医学を信奉していた医師たちも、実際には明確な原因は多くの場合に、わかっていませんでした。このように、原因はよくわかってないにもかかわらず、原因によって無理に診断をしようとするので、医師によって診断がバラバラになり、その結果、精神医学は世間から信頼されなくなるという状態だったのです。

　そこでスピッツアーは、また妙案というより革命的アイデアをひねり出します。「診断基準に原因は考慮しない」という案です。原因は考慮しない代わりに、今現在ある具体的で観察

1　DSMとはなんだろうか

可能な症状を列挙し、これらの症状のうちの何個かあれば診断、というシンプルな形にしたのです。

　また原因の代わりに、精神疾患であることの新たな基準を設けます。「本人に苦痛を与えている、あるいは日常生活を送る能力を損なっている」というものです。どこかで聞いたこのある基準ですね。そうです「性的指向障害」の時に出てきた基準と同じです。つまり、同性愛をめぐる議論の中で生まれた、「本人が苦しんでいる」という主観的体験を基準にするという考えが、広くほかの精神疾患にまで適応されるようになったのです。

　こういった原因を無視し、症状列挙＋苦悩、といったマニュアルでの診断基準は当然、ベテランや大御所の医師、精神分析医からは反対されます。長年の臨床経験に基づき、「この人はこういう原因でこういう精神疾患になった」という従来のやり方が否定され、「これとこれという症状があって、本人も苦しんでいるから、この病気です」といった、誰でもできるマニュアル的方法になったからです。

　いわば、これまで職人気質の料理人が秘伝で一品一品作っていた料理が、マニュアル化され、誰が作っても味が同じのファーストフード料理になったようなものと感じられたわけです。ベテラン料理人であればあるほど、ファーストフード店で働く気にはなりませんよね。

　しかし、この新しい診断基準にすれば、だいたいどの精神科医でも同じ診断が出せるようになります。精神医学の信頼回復の第一歩としては、名人芸的診断よりも、診断の一致のほう

が大切なことでした。

　このようなこともあり、反対もいろいろありましたが、結局は精神医学を守るため、この新しい診断基準は採用され、1980 年、DSM-Ⅲが発行されました。

⑽　精神医学のバイブルに

　DSM-Ⅲが発行されると、その効果は劇的でした。誰でも使える診断マニュアルですので、たいへん便利なものとなります。診断が一致するので、精神医学の信頼も回復していきました。精神科医師だけでなく、医療関係者、製薬会社、保険会社、役所と様々な人に使われるようにもなりました。多くの人が使うという事は、この DSM の本を、多くの人が買うという事です。ベストセラーでもあり、米国精神医学会の資金源にもなります。

　アメリカに限らず、世界中の精神科医のテキストにもなっていきます。ちなみに、私が精神科医になったのは、1990 年ですが、当時は医局のベテランの先生方は、DSM はほとんど使っていませんでした。むしろ「あんなマニュアル……」と批判的な人が多かったと思います。しかしいつしか、DSM を読むことは日本でも精神科医の常識となり、現在の若手は当たり前のように使っています。歳月の流れでバイブルになっていたことを実感します。

　ところで、DSM-Ⅱの改訂版で採用された、「性的指向障害」は、1980 年の DSM-Ⅲでは、「ego-dystonic homosexuality 自我異質性同性愛」として、疾患リストに残ります。

24

1　DSMとはなんだろうか

DSM（左から古い順。上段は英語、下段は日本語訳）

　この疾患概念は「性的指向障害」と同じです。そこでは、同性愛であるだけでなく、同性愛であることへの「自我異質性」、すなわち「基準B：同性愛的興奮の持続したパターンがあり、患者ははっきりとそのことが嫌で、持続的な苦悩の源泉であったと述べる」、ということをもって、精神疾患とみなしました。

　しかし、1987年のDSM-Ⅲ-Rでは、この自我異質性同性愛も、削除され、DSMから、同性愛の項目はなくなります。このことは、これまでは「精神疾患リストに載っているから、差別や偏見を引き起こし、苦悩するのだ」といった同性愛者たちからの批判を受け削除した、とだけ私は考えていました。

　しかし、この原稿を書いていて気が付いたのですが、削除したのは別の理由もあるかもしれません。それは、反精神医学運動のことです。反精神医学運動は、すべての精神疾患をなくせ！と主張していました。同性愛を精神疾患から外したとした

ら、「他のもはずせ‼」とドミノ倒しのように、ほかの精神疾患も病気扱いをやめないといけない事態になるのではないかと恐れ、スピッツアーは、「性的指向障害」という妥協案を生み出したと先に記しました。自我異質性同性愛を削除した1987年は、もはや反精神医学運動は、すっかり下火になっていました。逆にDSMの信頼は絶大となっていました。そのような環境下で、自我異質性同性愛を削除したとしても、「他の精神疾患もなくせ」といったドミノ倒しの心配は、すでにまったくなかったのでしょう。ですから、安心して自我異質性同性愛を削除できた、という側面もあるように思います。

　DSMは、その後もDSM-Ⅳ、DSM-Ⅳ-TRと改定を続け、2013年にDSM-5が出ます。ちなみに、この最新のだけ「DSM-Ⅴ」ではなく「DSM-5」と、数字の「5」になったのには理由があります。今後も、頻回にどんどん改定していき、「DSM-5.1」「DSM-5.2」……といった感じで、小数点をつけたバージョンをこまめに出していくつもりだそうです。常に最新の知見を反映、といえば立派にも思えますが、改定につきあわされる、精神科医も大変です……。

　このように、精神医学のバイブルとなったDSMですが、実際の聖書とは違い、神の言葉を記したものでは当然ありません。人間の精神科医たちが、あれこれ、議論して作っているわけです。

　ですから、まあ人間社会特有のいろんなことに影響されるのです。精神疾患に入れてほしいと考える人、外してほしいと考える人、保険会社の意向、製薬会社の意向……、いろいろな

立場の方々の思惑が入り乱れるのです。できるだけ「科学的に」「エビデンスに基づいて」作成はされるのだろうと思いますが。いずれにせよ、DSM の中身はいつも世間の注目を浴び、リストに入れろ、外せ、文言をああしろ、こうしろと、議論が絶えないわけです。

参考図書

　このように議論の絶えない DSM ですので、論じた本がいろいろと出ていて大変興味深いです。この章を書くにあたっても参考にしましたので、いくつか紹介します。

　『シュリンクス　誰も語らなかった精神医学の真実』ジェフリー・A・リーバーマン、オギ・オーガス著、宮本聖也監訳、柳沢圭子訳
　アメリカの近代から現代にいたる精神医学の歩みを興味深いエピソード満載で記していて、面白くかつためになりました。この章を書くうえでも多くを参照しました。著者のリーバーマンは米国精神医学会の元会長で、精神医学の重鎮。ちなみに日本において SST で知られる、ロバート・ポール・リバーマンとは別人物です。念のため。

　『〈正常〉を救え：精神医学を混乱させる DSM-5 への警告』アレン・フランセス著、大野 裕監訳、青木 創訳」
　DSM-5 の改定を批判的に論じています。著者のアレン・フ

ランセスは、DSM-Ⅳの作成委員長。

『DSM-5を診断する』　レイチェル・クーパー著、植野仙経、村井俊哉訳

DSM-5をバランスよく論じています。「ためこみ症」がDSM-5に加わった話が特に興味深いです。ためこみ症とは、ワイドショーなどで、時々ネタにされる「ごみ屋敷」に住んでいるような人のための診断名ですが、精神疾患として加えられた経過や、その影響が詳細に論じられています。

『精神医療・診断の手引き——DSM-Ⅲはなぜ作られ、DSM-5はなぜ批判されたか』大野裕著

DSMの全体像がよくわかります。大野先生は、米国留学中、DSM-Ⅳの作成委員長だったアレン・フランセスの指導を受けていたとのこと。ひとつ残念だったのは、性別違和を「性的違和」と誤表記していること（P98）。あまり関心の薄い分野だったのかな。

『Homosexuality and American Psychiatry: The Politics of Diagnosis.』Ronald Bayer

日本語訳はありませんが、ゲイの権利運動と精神医学との関係、DSMにおける議論の詳細を知ることができます。同性愛の脱病理の歴史を知る上での必読書。

2

ICD とはなんだろうか

(1) ICD とは

ICD とは、「International Statistical Classification of Diseases and Related Health Problems」のことなのですが、この英語がそもそも長いので、英語で簡単に「International Classification of Diseases」といって、その頭文字をとって、「ICD」と呼ぶわけです。

日本語訳は、正式には「疾病及び関連保健問題の国際統計分類」と呼ぶそうですが、これも長いので、「国際疾病分類」と通常は呼んでいます。これは世界保健機関憲章に基づき、世界保健機関（WHO）が作成しています。

精神疾患に限らず、身体疾患や関連保健問題も含めての分類です。「関連保健問題ってなんだ？」と思う人もいるかもしれません。これは疾患ではないが保健上の問題となるもので、例えば妊娠や出産に関する事柄などです。

ここで、DSM と比較して特徴をまとめましょう。

DSM は「民間団体である米国精神医学会が作成する」「米国の」「精神疾患の」分類です。

いっぽうで、ICD は「公的機関である WHO が作成する」「国際的な」「疾患全体およびそのほかの保健問題の」分類です。

この 2 者の違いがお分かりいただけたでしょうか。

理屈の上では、DSM はアメリカローカルのものなので、日本は本来関係ないものなのですが、アメリカの影響は巨大ですので、日本をはじめ世界中の精神医学は DSM の影響を受ける

わけです。

逆にICDは、国際的に公的なもので、日本は正式に、その分類に準ずることになります。厚生労働省など、役所での文書はこのICDに基づいて、疾患は診断、分類されていきます。

(2) ICDの歴史

ICDは、最初、死因のリストとして誕生したそうです。

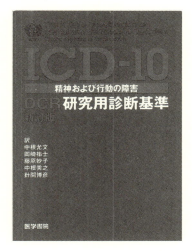

ICD-10

1900年にパリで死因リストに関する国際会議が開かれ、そのリスト案が採択され、ICD-1が生まれたのです。わが国でも、このICD-1を最初から採用していたとのことです。

その後約10年ごとに改訂されていきます。DSMと同じように、バージョンが変わるたびにICD-2、ICD-3……と数字が増えていきます。1948年に出されたICD-6では、死因だけでなく、死に至らない、疾病や傷害もリストに加わります。

1990年にICD-10が出ます。ところが10年おきに改訂されるはずのICDが今度はなかなか改定されず、やっとのことで2018年にICD-11が公表されたのです。ただし、正式には実効（使われ始めること）されるのは2022年1月ですので、もう少し先です。いろいろ準備があるだろうから、という事で猶予

があるわけです。

⑶　ICD の作成過程

DSM に関しては、第 1 章の章末に紹介したように、さまざまな内部関係者による出版物があります。それにより、いろいろと内幕を知ることができます。ですが、ICD に関しては、あまりそういう本は見当たりません。国際的な巨大な組織で作成していくので、全体像をとらえにくい、という点もあるかもしれません。

我が国の関与も含めた全体像などに関しては、「厚生労働省政策統括官付参事官付国際分類情報管理室」の室長である森桂氏らによる「WHO 国際統計分類の歴史と ICD-11 の国内適用に向けて」という論文がインターネットでも読むことができます。(https://www.niph.go.jp/journal/data/67-5/201867050002.pdf)

⑷　ICD と DSM

ICD と DSM は別物なのですが、密接な関係にあります。ICD の「精神及び行動の障害」と DSM を統合しようという動きがあるのです。この統合のことを「ハーモナイゼーション(harmonisation)」といいます。ハーモニーさせる、ということです。疾患について研究するにせよ、議論するにせよ、診断基準が違うと困りますからね。

2　ICDとはなんだろうか

　DSMの作成委員とICDの作成委員は、兼任している人は多く、違うメンバーでも直接会って、すり合わせのために議論する機会も多いとのことです。

　その結果、この二つの診断基準はかなり共通したものとなっています。

　ただし、全く同じものにはならないようです。

　ひとつには完成の時期がずれるからです。時期がずれれば、新たな知見も加わるし、議論も違ったものになりえます。

　また目的や対象の違いもあります。DSMは、実際には世界中で多職種の人が使ってはいますが、基本的には精神科医などの専門家向けです。そのため、分厚く詳細な記載となります。

　いっぽうでICDは世界中の、医療や保険にかかわる人たちが、できるだけわかりやすく使えるようにと、作られています。ですから、平易かつ簡潔に書かれています。

　また一致しない理由として、経済的なこともあるのではないかと、大野先生が『精神医療・診断の手引き――DSM-Ⅲはなぜ作られ、DSM-5はなぜ批判されたか』のご著書の中で述べられています。

　引用します。

　「その大きな理由が経済的な問題だと、あるICD作成委員が漏らしたことがある。ICDとDSMが統一されると米国精神医学会に版権料が入ってこなくなる。統合版は、世界保健機関から無料で全世界に配布される可能性が高いからである。その額の大きさを考えると、米国精神医学会は統合に踏み切れないだろうというのである」

33

なるほど。そういう大人の事情ですか……。

　まあでも、米国精神医学会をけしからんというのも気の毒な気もします。DSM-5 を作成するのに 25 億円かかったそうですので。民間団体としては、しっかり売って、元手を回収しないといけないでしょう。

⑸　ICD-11 の性別不合と DSM-5 の性別違和はなぜ異なるものとなったか

　ICD と DSM は、お金の問題などで、完全な統合は難しいと説明しましたが、それでも、おおむねこの二つは似たものとなっています。

　しかし、この本のテーマである ICD-11 の性別不合と DSM-5 の性別違和は、本質的に違うものとなりました。後ほども詳しく書きますが、DSM-5 では「性別違和」として、精神疾患リストに残ったのに対し、ICD-11 では、「性別不合」は、「第 6 章、精神・行動・神経発達の障害」から外れ、「第 18 章、性の健康に関する状態」に移りました。つまり ICD-11 では、「性別不合」は精神疾患ではなくなったのです。

　なぜこのようなことが起こったのか考えてみたいと思います。いうまでもありませんが版権料といった先ほど紹介したお金の問題などは関係ありません。

　理由として第 1 に考えられるのが、作成を議論するメンバーが違うからです。純粋に医学的な話であれば、誰がメンバーをやっても、読むべき論文は同じですし、大体似たような結論

34

になるでしょう。しかし、性別の違和感に関しては、純粋な医学的問題だけでなく、社会的な問題や人権上の観点など、さまざまな考慮すべき要因があります。両者のメンバーに重なる部分があったとしても、何人かでも議論するメンバーが違えば、結論が違うことはありうることです。

ICD-11 の作成にあたり、性別不合に関する議論を行った「性障害と性の健康に関する委員会」のメンバーであった、香港大学のサム・ウィンター Sam Winter 先生と、2014 年に沖縄で開かれた GID 学会でお話をしたことがあります。そのときウィンター先生が「DSM はだめだ。ICD-11 では、精神疾患から外さないといけない」と力説していたのを思い出します。会議の中での彼の頑張りもあったのかもしれません。

理由として第 2 に考えられるのが、DSM はアメリカローカルなものに対し、ICD は国際的なものであるということです。

トランスジェンダーの人権運動に関しては、アメリカでも盛んですが、ヨーロッパのほうが社会的理解は進んでいると思います。それゆえ、性同一性障害の脱病理化に関しては、ヨーロッパのほうがより理解がある面もありそうです。

第 3 に、DSM は、米国精神医学会という精神科医の団体が作ったのに対し、ICD は WHO が作成したという点です。ICD-11 の「第 18 章、性の健康に関する状態」は作成段階において、「Department of Mental Health and Substance Abuse（精神保健及び薬物乱用局）」だけでなく、「Department of Reproductive Health and Research（生殖の健康と研究局）」が関与しています。つまり、ICD では精神医学の観点からだ

けでなく、性と生殖の観点からも、十分な専門的検討が可能だったのでしょう。

　最後に、これが最大の理由だと思うのは、ICD は精神疾患だけのリストではなかったという点です。

　脱病理化の問題は、医療が受けられなくなることです。DSM は精神疾患だけのリストですので、そこから外れると、アメリカでは全く疾患とみなされなくなる可能性があります。アメリカでは医療保険は DSM に載っていないと払われないそうです。ですから DSM から外れることは、トランスジェンダーが医療保険を受けられないことに直結します。ですから、批判を受けてでも、医療が継続できるように DSM-5 に残したのだともいえます。

　一方で、ICD は精神疾患だけのリストではありません。たとえ、精神疾患のリストから外しても、「性の健康に関する状態」という別の章に残すことができたのです。章をうつすことにより、精神疾患ではなくなる一方、全体のリストには残るので、従来通り、医療ケアを受けることもできます。

　実にうまい解決策だと感心します。

⑹　ICD-11 案に対するコメント

　この本を書いているうちに、筆者も ICD-11 に関して、レビュアー（原案の査読者）として関わらしていただいたことを思い出しました。何年も前のことなのですが、幸いメールのやり取りが残っていたのを見つけました。ICD 作成の全貌を知る

ことは難しいですが、筆者なりの経験も何かの参考になるかもしれないので、そのいきさつも含めて、少し記したいと思います。

　最初は2012年の9月、ジェフリー・リード Dr. Geoffrey M. Reed という人からメールをいただきました。メールをもらった当時は、お恥ずかしいことに気が付かなかったのですが、実はリード先生は、WHOのICDの、精神と行動の障害の章の改定のシニアプロジェクトオフィサーという最高責任者でした。リード先生は、2019年6月来日され、日本精神神経学会でICDに関する特別講演を行ってもいます。

　メールの内容は性障害と性の健康に関する項目に関する原案のレビュアーをしてくれないか、というものでした。ただ即決ではなく、まずこちらの履歴書等を送ってくれとのことでした。

　そこで早速、履歴書などを送りました。

　10月に入ると、レビュアーに決まった、との返事がきました。よく読むと返事は、キャサリン・ダリビ Catherine Daribi さんからでした。所属を見るとWHOの「Department of Reproductive Health and Research」（生殖の健康と研究局）で、事務スタッフのようでした。この所属からも、もはや精神疾患から離れて、生殖の部門において、議論されていたことを感じます。

　数日たつと、性障害と性の健康に関する項目の原案がメールでドドンと届きました。

　それで原案をチェックして、自分なりの考えをまとめてメ

ールしました。

　おそらく世界中のあちこちの専門家が、自分の専門分野の診断基準などに関してコメントを送り、それを WHO の担当者がまとめ、委員に渡し……という感じで進んでいっているのだと思います。

　せっかくですので、送ったコメントを掲載したいと思います。実際には英語ですが、日本語訳にして掲載します。2012年 11 月に書いたものですので、DSM-5 の正式決定の前です。なお、性別不合だけでなく、パラフィリアについてもコメントをしています。

　性別不合の診断基準を全然知らない人は、私のコメントだけ読んでも意味が分からないかもしれないので、先に本書の第5 章「ICD-11 の性別不合を詳しく見ていこう」を読んだほうがいいかもしれません。

以下コメント（日本語訳）

性別不合という名前

　性別不合は良い名前です。しかし、DSM-5 は新しい名前として「性別違和」を提案しています。２つの異なる新しい名前は非常に混乱を招きます。性別違和は心理的状態を意味します。

　したがって、ICD-11 における GID の新しい概念が精神お

よび行動の障害の章から移動する場合は、心理学的用語を使用すべきではないでしょう。したがって、「性別不合」は性別違和よりも優れていると思います。

性別不合を精神および行動の障害の章から別の章に移動すること

良い考えだと思います。今日、2つの問題があります。ICD-1˘からGIDを削除しろというトランスジェンダーの人々からの強い主張があります。彼らは、障害が異常を意味すると考え、そのことにより、レッテル張りをされていると感じているからです。しかし同時に、彼らは医療を必要としています。性別不合を精神障害および行動の障害の章から別の章に移動することで、これら2つの問題を同時に解決します。

しかし、私は日本での臨床医の立場からいくつかの懸念を抱いています。 今日、性同一性障害の精神療法は日本の医療保険でカバーされています（ホルモン療法や手術ではありません）。 性別不合が精神障害でなくなった場合、性別不合の精神療法は医療保険でカバーされなくなるおそれがあります。

また私達は医学生への教育の問題を抱える心配があります。誰が教えますか？　性別不合が精神疾患ではないのであれば、どの精神科教授も医学生のために教えず、精神科の教科書にも書かれないのではないかと心配します。したがって、トランスジェンダーの人々を理解する医師はより少なくなるのではないかと思います。

診断ガイドライン

「体験したジェンダー」は新しい概念だと思います。 ICD-10では「性同一性」を使用しています。「体験したジェンダー」とは何かを明確にしてほしいと思います。

性分化疾患を含めることは良い提案です。

子供の性別不合

子供の性別不合を含めることは良い提案だと思います。ICD-11から削除されるべきであると主張する人もいます。しかし、私の臨床経験から、医師の診断と医療支援は、性別に適合しない子供たちの助けになる場合があります。

ガイドラインは妥当です。子供の性別不合は安易に診断するべきではありません。

F66（性発達及び方向づけに関連する心理及び行動の障害）の削除

F66の削除は妥当です。このカテゴリーは私には役に立たないように思われます。私はめったにこのカテゴリーを使いません。特に、「自我違和的な性の方向付け」には問題があります。このカテゴリーは同性愛者およびトランスジェンダーの人々を病理化する可能性かあります。削除する必要があります。

パラフィリア症

パラフィリア症の新しいリストは、「正常なセクシュアリテ

ィ」について新しい概念を示していると思います。

　伝統的に、正常のセクシュアリティとは、生殖することができる性的行動を意味してきました。しかし、この新しいリストでは、「正常のセクシュアリティは相互の同意を必要としている」ことを示しています。これは人間のセクシュアリティの多様性を尊重します。したがって、私はこの新しいリストがとても素敵だと思います。

露出症、窃触症、小児性愛、窃視症

　DSM-5 では、これらの診断のためのカットオフ値として、被害者数があります。しかし、被害者の数に関するエビデンスはありません。そして被害者の数は実用的には役に立たないと思います。したがって、被害者数を入れない ICD-11 の診断基準の方が優れています。

強制的な性的サディズム障害

　DSM-5 では、新しい診断「Paraphilic Coercive Disorder」があります。強姦犯のあるものたちは被害者に苦しみではなく喜びを与えると信じています。薬物やアルコールを使ってレイプする人もいます。その場合、彼らは同意なしにレイプをしますが、苦しみを与えません。

　そのようなタイプの人々は、DSM5 では「パラフィリック強制障害」を患っているが、ICD-11 では「強制的性サディズム障害」を患っていないと診断されます。したがって、私はICD-11 に「パラフィリック強制障害」を含めるべきだと思い

41

ます。

　コメントは以上です。

　なお、手術はその後保険適用されました。現在の厚労省の非公式のコメントでは、性別不合に移行後も、保険適用の扱いは従来通りとのことです。

　また、DSM-5 では、結局「Paraphilic Coercive Disorder」は採用されませんでした。

3

病理化と脱病理化とは
なんだろう

性同一性障害から、DSM-5 の性別違和および、ICD-11 の性別不合の変更を考えるにあたり、欠かせない論点は「病理化」と「脱病理化」です。

　この章では、「病理化」と「脱病理化」とは何かについて論じ、同性愛の議論も交えつつ、歴史的経緯も見ていきましょう。

(1)　病理化と脱病理化

　病理化、脱病理化、という言葉を聞いたことがあるでしょうか。まず言葉についてみていきましょう。

　医学の中で「病理学」という分野があります。病理学は「Pathology」です。

　「patho」が「病気」、「logy」が「学問」で、病理学とは、病気の原因を探る学問のことです。

　さらに「pathologize」が「病理化する」、「pathologization」が「病理化」となり、「ある状態を医学的病気とみなすこと」が「病理化」という意味です。

　最近話題になったのが、ICD-11 で採用された「ゲーム障害」です。ゲームにはまってやりまくるのが、依存症の一種として疾患とみなされるようになったのです。つまり、これまでは単なる「熱心なゲーム好き」だったのが、病気と見なされるように、すなわち「病理化」されたわけです。ただ、ゲーム好きが精神疾患扱いされるとなれば、ゲーム業界は稼げなくなるので、「病理化」に反対をしたりするわけです。

　このように「病理化」されるのは、精神疾患としてのレッ

テル貼りになり、反対ばかりが起きるかと思うかもしれません
が、そうでもありません。病理化されることで、疾患としてみ
なされ、医療の対象として治療を受けられるというメリットも
あるからです。

　代表例がPTSD（心的外傷後ストレス障害）です。これはベト
ナム戦争後の復員兵の団体が強く望んで、DSM-Ⅲのリスト入
りしたそうです。リスト入り、すなわち病理化される前は、戦
争後のさまざまな心理的後遺症は、治療の対象とみなされず、
公的費用の援助もなかったのが、病理化されることで、公的費
用による精神医学的治療が受けられるようになったのです。

　この病理化の反対が「脱病理化」です。英語では「離れる」
を意味する接頭語の「de」を「pathologization」の頭にくっつ
けて、「depathologization」といいます。病理化の反対ですから、
病気とはみなさなくなることです。価値観や社会の状況の変化
により、これまで病気とみなされたものが、みなされなくなる
と、「脱病理化」されたといえるわけです。

　この病理化、脱病理化に関するセクシュアルマイノリティ
の歴史をここにまず簡潔にまとめます。

・19世紀まで、キリスト教社会では、同性愛や異性装者は、
　宗教的異端者や犯罪者とみなされていた。
・19世紀後半ころより、同性愛や異性装者は、「病理化」さ
　れ、精神疾患とみなされるようになった。
・1980年代、同性愛は「脱病理化」され、精神疾患ではな
　くなった。

ジャンヌ・ダルク

- 1990年代、性同一性障害も「脱病理化」せよとの、運動が強まる。
- 2013年、DSM-5では「脱病理化」されないが、やや病理性の薄い「性別違和」となる。
- 2019年、ICD-11では「脱病理化」され、「性の健康に関する状態」の「性別不合」に変更。

まとめると以上のことですが、次から、同性愛の歴史も含め、詳細にこのことを見ていきましょう。

3　病理化と脱病理化とはなんだろう

(2)　病理化される前の時代

　歴史的には、欧米、キリスト教社会では、同性愛行動を、異端ないしは犯罪としてみなしてきました。肛門性交や男性間性行為を意味する「ソドミー（sodomy）」が旧約聖書に出てくる背徳の都市である「ソドム（sodom）」に由来するのは、その表れといえるでしょう。

　同性愛行動とともに異性装行動も、欧米、キリスト教社会では、異端や犯罪とみなしてきました。歴史上もっとも有名なのはジャンヌ・ダルクです。ジャンヌ・ダルクは、魔女裁判にかけられ、火刑に処されます。その魔女裁判において、魔女であるとの認定の決め手となったのはジャンヌ・ダルクが男装を続けたことでした。ジャンヌ・ダルクはとらわれの身となってからも、男装をやめなかったのです。

　このように歴史的には、同性愛行動や、異性装行動は、精神疾患としてみなされる、すなわち「病理化」される前に、宗教的異端ないしは犯罪とみなされる長い時代があったのです。

(3)　病理化の始まり

　19世紀後半にはいると、Psychopathia Sexualis（変態性欲心理）の著者として名高い、司法精神医学者のクラフト＝エビング Krafft-Ebbing らにより、同性愛を精神疾患とみなす考えが出てきました。医学用語として「ホモセクシャリティ homosexuality（同性愛）」もそのころに使用され始めました。

47

そこでの基本的考えは、生殖につながらない性行為を異常とみなすものでした。この考えに基づき、同性愛を異性愛に変えようとする、さまざまな「治療」が行われました。あるいは、第二次大戦中は、ナチスにより同性愛者は「精神異常者」として、ユダヤ人や精神障害者、知的障害者らとともに、虐待、惨殺されることとなったのです。

　性別に違和感を持つものに関して、医学的文献に記述され始めたのは、19世紀半ば頃の、ドイツの性科学者フリードライヒ Friedreich、ウェストファル Westphal らによってからです。さらに19世紀の終わりから20世紀の初めにかけて医学的疾患としての概念化が進みます。1877年、クラフト・エビングは異性装を行うものを「metamorphosis sexualis paranoia」と名付け、犯罪的狂人であるとしました。一方1910年ヒルシュフェルト Hirschefeldt は「transvestite」として、1936年エリス Ellis は「eonism」といった概念を提唱し、異性役割で生活することに対して、倫理的に非難するのではなく、医学的に認めて行くべきだと述べています。

⑷　身体的性別とジェンダー・アイデンティティを一致させる治療

　性別に違和感を持つものへの治療は1960年代まで主として、「ジェンダー・アイデンティティ（性同一性・性自認）を身体的性別に一致させようとするもの」でした。そこでは精神科医を中心にして、時には精神分析療法、時には電気ショック嫌悪療

法などを用い、身体的性別とは逆のジェンダー・アイデンティ
ティを、身体的性別と一致したものにしようと試みられていま
した。しかし、実際には、ジェンダー・アイデンティティの変
更を目的とした精神科医による治療の多くは失敗に終わってい
ました。

そんなおり外科的技術および内分泌学の進展を背景に、180
度違う治療指針が登場します。「身体的性別をジェンダー・ア
イデンティティに一致させる」という治療方針です。この考
えは「トランスセクシャリズム Transsexualism の父 」と呼
ばれる内分泌科医ハリー・ベンジャミン Harry Benjamin に
より唱えられ、その後、性別に違和感を持つものへの治療
の主たる指針となるのです。なおトランスセクシャリズム
Transsexualism（性転換症）とは「身体的性別を反対の性別に
変更しようとする」という臨床的特徴に着目し、1949 年にコー
ルドウェル Cauldwell が命名し、ハリー・ベンジャミンによ
り広く知られるようになった用語です。

米国では当初、性別適合手術を行う病院がなく、ハリー・
ベンジャミンは欧州の外科医を紹介していたそうです。しかし、
1965 年にジョン・ホプキンス・ジェンダー・アイデンティテ
ィ・クリニックが設立され、米国内でも手術が行われることと
なったのです。

ここで、強調して記しておきたいのは、その治療指針の思
想的背景です。すなわち「男女いずれかの典型的な身体的性別
およびそれと一致したジェンダー・アイデンティティを有する
ものが正常である。そうでない場合、異常であり、一致するよ

うにするのが治療である」という思想です。例えばハリー・ベンジャミンは次のように述べています。「体を一致させるように心が変えられないとしたら、心に一致するように体を変えることを考えるべきだ」。あるいはジェンダー概念を提唱し、ジョン・ホプキンス・ジェンダー・アイデンティティ・クリニックの設立にも関わった性科学者のジョン・マネー J.Money は、身体的性別が曖昧な性分化疾患の子供の治療に関して、曖昧な身体的性別を外科的療法によって男女どちらかの典型的な性別にするという治療指針を同時期に推奨しています。この指針は、その後、性分化疾患の子供への主たる治療方針となったのです。

　この頃の性別適合手術を受けた当事者の体験手記は基本的には医師に対しての絶対的礼賛で占められていました。例えば、「私の女性としての心は、間違って男性の体に閉じこめられていた。しかし、ホルモン療法や手術によって女性の体になり本当の自分になった。これで女性として幸せになり、男性と結婚できる」などのような内容のものです。

　このように当時は「身体的にも心理的にも社会的にも、典型的な男女どちらかにより近づけることが治療であり、当事者にとっての幸福である」とシンプルに考えられていたのです。

(5)　門番としての精神科医

　性別適合手術が行われはじめた当初、手術実施者達は、この外科的療法により性別違和を持つすべての患者が救われるかのように考えていました。しかし、実際には手術後に自殺をし

たり、精神状態が悪化するものも見受けられたのです。このことから、手術の適応となる患者を慎重に選別すべきだとの考えが生まれ、その責務を精神科医が負うことになったのです。その選別要件として、他の精神疾患の除外の他に、一次性か（物心ついたときよりか）、真性か（より中核的症状がそろっているか）、性的指向は同性愛か（心理的には異性に性的に魅かれるか）、見た目が望みの性別で通ずるか、などが問われたこともありました。

　その後においては、リアル・ライフ・テスト Real Life Test（望みの性別で社会的に常に過ごし、1年以上適応してやっていけるか）が、その要件となりました。このリアル・ライフ・テストは、その後、リアル・ライフ・エクスペリエンス（実生活経験）と名称が変更となりますが、長く続く要件となります。いずれにせよ当事者と精神科医の関わりは、ホルモン療法や外科療法へのパスポートを手に入れたい当事者に対し、その許可の是非を決定する門番としての精神科医との意味合いが強まっていき、通常の精神療法の関係の構築を阻害する要因となったのです。

　また、この選別は、選ばれて手術が施行され、身体的な性移行が達成できたものと、選ばれず手術が施行されず、身体的な性移行が達成できないものの間に階層化、差別化を生み出すこととなりました。

(6)　同性愛の脱病理化

　第二次大戦後も、同性愛は精神疾患としてみなされていました。しかし、1960年代に入りますと、状況が変わってきます。

大規模な性行動調査である、キンゼイレポートなどにより、少なくないものが同性愛行為を行った経験があることが明らかにされたり、異性愛者間でも、生殖目的で性交を行われることは少ないことが指摘されるようになったのです。

　そのような中、アメリカを中心に、同性愛者の人権運動の高まりがおこり、米国精神医学会に対し、DSM-Ⅱからの同性愛の削除要求が高まります。これを受けて、米国精神医学会の中でも議論が活発となりますが、同性愛を削除するかどうかで意見は二分されます。その結果、一種の妥協案として「sexual orientation disturbance」（性的指向障害）という疾患概念が生まれます。これは、同性愛そのものは精神疾患ではない、ただ、本人がそのことで苦悩している場合は、精神疾患とするという考えです。1974年のDSM-Ⅱの改訂版で、この「性的指向障害」は同性愛に取って代わります。

　1980年のDSM-Ⅲでは、名称が変わり、「ego-dystonic homosexuality 自我異質性同性愛」として、疾患リストに残ります。そこでも、同性愛であるだけでなく、同性愛であることへの「自我異質性」、すなわち「基準B：同性愛的興奮の持続したパターンがあり、患者ははっきりとそのことが嫌で、持続的な苦悩の源泉であったと述べる」、ということをもって、精神疾患とみなしたのです。

　しかし、こういった妥協案でも、「精神疾患リストに載っているから、差別や偏見を引き起こし、苦悩するのだ」との批判を浴びます。そこで結局、1987年のDSM-III-Rでは、この自我異質性同性愛も、削除され、DSMから、同性愛の項目はな

くなるのです。

　その後、同性愛は DSM のみならず、1990 年、WHO による国際疾病分類改訂第 10 版（ICD-10）からも削除され、WHO は「同性愛はいかなる意味でも治療の対象とならない」と宣言もします。すなわち、19 世紀末に、病理化された同性愛は、20 世紀末には脱病理化されたのです。また、この脱病理化の過程の中で、同性愛者たちは、そもそも医学用語だった「homosexual」という言葉ではなく、自らのアイデンティティを示す言葉として、レズビアン（lesbian）、ゲイ（gay）という用語を用いるようになったのです。

⑺　トランスジェンダー概念の誕生

　性別の違和感を持つ者への医学的診断名としては、従来の性転換症に加えて、1980 年の DSM-III より、Gender Identity Disorder（性同一性障害 GID）が公式に用いられることとなりました。

　これら「性転換症」や「性同一性障害」といった医学界が命名し概念化した用語に対して、当事者達を中心に命名され、概念化され、発達してきた用語がトランスジェンダー transgender です。米国の性別に違和を持つ者や、異性装者のコミュニティーの指導者であったバージニア・プリンス Virginia Prince は、1980 年代末に「反対の性別でいつも過ごすが、性別適合手術は行わないもの」という意味で、「トランスジェンダリスト transgenderist」を提唱しました。この用語

53

は、1990 年代に入りトランスジェンダーとして広がっていき、その意味するところは、当初の狭義なものではなく、性別適合手術を行うものなども含む、従来の性別概念の枠からはずれたもの全てを包み込む、包括的用語となっていきます。

　トランスジェンダー概念の誕生は第 1 に、「性同一性障害は全て、外科的手術などによって可能な限りの身体的な移行を欲している」という紋切り型の一般的理解に対して、「従来の性別の枠に収まらない、さまざまな性別の状態があり、またそのさまざまな状態を望むものがいる」という現実を知らしめることとなりました。第 2 には従来の医学的疾患名の性転換症や性同一性障害に対して、当事者自らが命名した概念を持つことにより、脱病理化の契機となったのです。第 3 には、第 1 と第 2 を合わせた結果として、手術を行わない当事者も、「手術に進めなかった性同一性障害者」として自己を卑下するのではなく、ひとつのアイデンティティとして自己を確立することへの一助となったのです。

⑻　同性愛をモデルとしての脱医療化の動き

　性別の違和感ある者は、「性同一性障害」という名称の精神疾患として、DSM では分類されてきました。このことに対し、「ジェンダーのありかたは、多様なセクシュアリティのひとつであり、それが少数のものだからといって精神障害とされるのはおかしい」などの考えから精神疾患の分類から削除すべきである、との意見がトランスジェンダー概念誕生の頃より、強く

54

3 病理化と脱病理化とはなんだろう

提起されるようになります。

　この議論は、同じセクシュアルマイノリティである、同性愛がたどった歴史とよく比較されます。同性愛は、すでにのべたように異端者・犯罪者→精神医学的疾患→本人が苦悩しているという理由での精神医学的存在（自我異質性同性愛）→性的ありようの一つとして正常と認められ精神障害の分類から削除、という歴史的段階で現在に至っています。これまでに述べたように、性別に違和感を持つ人たちも似たような経過をたどっています。1900年の始まり頃、犯罪者・異端者から医学的疾患としてみなされるようになります。1994年に発行されたDSM-Ⅳでは、以前には見受けられなかった診断基準として、基準D.「その障害は、臨床的に著しい苦痛または、社会的、職業的または他の重要な領域における機能の障害を引き起こしている」を設けました。これは、同性愛が、自我異質性同性愛として、精神障害の分類に過渡的に残存したのと類似の状況です。この同性愛と同様の流れからすれば、いずれ性別に違和のあるものも精神医学的疾患でなくなるとの考えも理解されうるものです。

　しかし、性別に違和のある者は、同性愛者と違い、多くのものが、ホルモン療法や、外科的療法などの医学的治療を求めます。そうすると、その医学的治療の対象者を明確にする手段としてや、あるいは保険の適用などの現実的必要性から、やはり医学的疾患とするべきだとの考えもありました。

　このように、医学的疾患に残すべきか、残すべきでないかという論争の中、今後の精神疾患リストにおいての扱いが注目

55

されてきたのです。

⑼　DSM-5 の性別違和

　そのように脱病理化に向けての活発な反対運動や議論が行われ、性別違和を抱える人たちや、医療関係者が注目する中、2013 年に、米国精神医学会は新たな診断基準である DSM-5 を発表しました。結局、病名は「gender identity disorder　性同一性障害」から、「gender dysphoria（性別違和)」という疾患名に置き換わりましたが、精神疾患としては継続となりました。リストからは削除されず、「脱病理化」は達成されなかったのです。ただし、疾患名から「disorder」という用語が外れるなど、精神病理性は薄れたと考えられます。

⑽　ICD-11 の性別不合

　2018 年に、WHO の ICD の新しい版すなわち ICD-11 が発表され、2019 年に正式に承認されました。「実効」すなわち、実際に正式に使われ始めるのは 2022 年の 1 月の予定です。そこでは、性同一性障害は、「gender incongruence」との新たな名称となりました。日本語訳は正式決定ではありませんが、いまのところ「性別不合」が予定されています。

　特筆すべきは、「gender incongruence」の位置づけです。ICD のリストにこそ残りましたが、ICD-11 では、ICD-10 までの「06 Mental, behavioural or neurodevelopmental disorders

（「精神及び行動の障害」）」の下位分類から外れ、「17 Conditions related to sexual health」（性の健康に関連する状態）の下位分類となったことです。これはすなわち、ICD-11 では、脱病理化（精神疾患とはみなさないこと）が達成されたことを意味します。また、「disorder」「disease」ではなく「condition」（状態）という価値中立的な用語を用いていることも、脱病理化を表しています。

　つまり、平たく述べると「精神疾患ではない。リストに残すが、それは病気としてではなく『性の健康に関する状態』としてだ」というのが ICD-11 における「gender incongruence」の位置づけなのです。なお診断基準も、DSM-5 の性別違和と比較し、身体の性別違和感が強いものに限定しており、身体治療へのアクセスを可能にすることにのみポイントを絞った狙いだと思われます。

　ここまで、世界における歴史的変遷を見ましたが、日本の歴史的経緯や現状も見ていきましょう。

(11)　日本の性同一性障害

　日本では、1969 年東京地裁において、「性転換手術」（現在は「性別適合手術」と呼ばれる。）を行った医師に対して優生保護法違反の判決（いわゆるブルーボーイ事件）が下されて以来、この疾患に関する議論は医学界でタブー視されてきました。民間の開業医で手術を行う者はいましたが、その臨床や治療について

公に論じられることは乏しかったのです。しかし、1998年に埼玉医科大学において性転換手術が行われるようになり、ようやく医学的治療の対象として我が国でも認知されるようになったのです。埼玉医科大学で行われるようになった契機は以下のとおりです。

当時、形成外科の教授だった原科孝雄先生が交通事故で外性器を損傷した男性にペニスの形成術を行い、これが週刊誌報道されました。この報道を読んだ性同一性障害の女性が、男性への身体を望み、ペニス形成を希望して、原科先生を受診しました。原科先生はそれを機に、性同一性障害の治療に取り組むことを決意しました。

埼玉医科大学での取り組みを契機に、1997年には、日本精神神経学会「性同一性障害に関する特別委員会」が「性同一性障害に関する答申と提言」という診断と治療に関するガイドラインを発表しました。以後、日本での治療は、このガイドラインに準ずることで、倫理的法的問題がクリアとなり、岡山大学など、他の医療機関でも治療が行われるようになったのです。

このように、日本では1990年代になり公的な治療が取り組まれるようになり、医学的概念として普及されたこともあり、以前の用語である「性転換症」よりも、このころ、DSMで使われていた「性同一性障害」が用語としては、広く普及したのです。2003年には「性同一性障害者の性別の取扱いの特例に関する法律」が制定され、「性同一性障害」は法律名にも用いられるようになりました。1999年に設立され、2018年に20年目を迎えた、学会の名称も「GID（性同一性障害）学会」です。

58

このように、わが国ではもっぱら、「性同一性障害」という名称で、医学的、法的、社会的に幅広く使用されてきた経緯があります。

また、脱病理化に対しては、日本ではむしろ欧米の脱病理化の流れに困惑したり、反感を持つ者もいます。理由の一つには、上述したように、日本では、1998年から本格的な医療の提供が始まり、それに伴い、医療サービスの普及、性同一性障害特例法の制定といった法整備、および、人権意識の浸透といった、プラスの面が著しかったことが第一に挙げられるでしょう。また、マスコミ等でも比較的正確な情報が流れ、精神疾患に伴いがちなスティグマが軽度であったことも挙げられます。

そういうこともあり、日本では、最近まで、「性別違和」や「性別不合」という国際的な新名称への切り替えはあまり行われず、依然として多くの専門家や当事者が「性同一性障害」を用いているという現状があるのです。

(12) LGBT

LGBTとは「Lesbian レズビアン」「Gay ゲイ」「Bisexual バイセクシュアル」「Transgender トランスジェンダー」のそれぞれの頭文字をまとめたもので、性的指向（性的に魅力を感じる対象）とジェンダー・アイデンティティに関する性的少数者の総称です。「gay movement」といった、男性同性愛者のみを示す用語から、より性的少数者の連帯を目指す包括的な用語として、1988年頃より、アメリカで使われ始めました。

59

ハートをつなごう（2009年）

　日本でいつ頃から使用され始めたかは不明ですが、筆者は2003年の国際学会で「LGBTセンター」の存在を知り、それをインターネット上で報告したことがあります。また、マスコミとしては、朝日新聞では2004年に初めて紙面で使われ、NHKでは2009年1月に教育番組「ハートをつなごう」がLGBT特集をしたのを確認できます。

　ただし、一部の専門家や当事者だけでなく、日本国民の多くが知るようになったのは、ここ数年のことです。きっかけは電通が2012年にLGBTの調査をしたことです。電通から発信された情報でもあり、LGBTの経済効果や、企業におけるダイバーシティ人材の活用といった、経済的利得の側面が最初強

調されたのが特徴的です。その後は、人権問題に焦点を当てた
マスコミ報道の増加や、国会議員による勉強会の開催や立法の
検討など、人権擁護的側面も進展しています。

　LGBTの人口に占める割合については、電通をはじめとし
ていくつかの報告があります。ただその数値の理解にあたって
は、内容を吟味すべきです。

　たとえば、2015年の2回目の電通調査では「LGBT層が
7.6％」と発表されました。ただし、上述した、「L」「G」「B」「T」
の合計だと、3.8％であり、「その他」の3.8％を加えて7.6％と
なっています。その他の詳細は不明ですが、男女どちらにも性
的魅力を感じない者（Aセクシュアル）やジェンダー・アイデ
ンティティが男女どちらにもない者（X〔エックス〕ジェンダー）
などを指すと思われます。

　2016年の博報堂調査でも、「LGBTをはじめとするセクシ
ュアルマイノリティが8.0％」と発表されました。これも「L」
「G」「B」「T」の合計は5.85％であり、Aセクシュアル0.73％、
その他1.43％を加えて、8.0％となっています。

　2016年の連合の調査でも、新聞報道では「LGBTは8％」
とされていましたが「LGB」は3.1％、「T」は1.8％であり、そ
れにAセクシュアル2.6％、その他0.5％を足して8％となりま
す。

　すなわち、マスコミ報道等で出る数字は、「L」「G」「B」「T」
だけでなく、Aセクシュアルやエックスジェンダーなど、そ
の他の性的少数者も含めての数字なのです。LGBTの明確な
概念規定はないため、データを見るときはその都度どのような

範囲を指して用いているのか注意が必要でしょう。

　いずれにせよ、近年のこの LGBT という言葉の普及に伴い、日本でも「性同一性障害」でなく「トランスジェンダー」という言葉を使う人も増えてきました。ただ、L,G,B,T、それぞれは別個の概念であるにもかかわらず、ひとまとめにして、混同して理解している人もいるようです。

⒀　SOGI

　SOGI は「sexual orientation and gender identity」の略語で、日本語では「性的指向と性自認」と翻訳されています。この SOGI という言葉は、筆者の知る限りでは、2008 年 12 月 18 日に国際連合の総会で発表され、66 カ国が賛成した、「UN declaration on sexual orientation and gender identity」の翻訳で最初に用いられたと思われます。翻訳は、現在、弘前大学で助教を務められていて、LGBT の人権問題に詳しい山下梓先生が行い、「SOGI 宣言」として「性的指向と性自認」という訳語とともに日本に紹介されました。

　ただし、「SOGI」は国際的には一般的に普及している用語ではなく、現時点（2019 年 7 月 13 日）では英語版の Wikipedia に記載はなく（日本語版ではあり）、インターネット検索でも英語では用語の説明はほぼ見当たりません。もっぱら日本でのみ、2017 年頃より急速に使われ始めた印象です。

　LGBT が限定的用語であり、「誰が LGBT なのか」という定義の問題や、「LGBT でない人の人権は？」という議論を呼び

やすい一方で、SOGI は「性的指向・性自認」という意味なので、「SCGI の尊重」の意味するところは「すべての人々の性的指向・性自認の尊重」という普遍的な人権となります。

このように、人権の観点から優れた用語ではあるのですが、日本では LGBT に代わる新しい言い方、という間違った理解で、世間の耳目を集めたいがゆえに安易に「SOGI」という言葉が使われているのではという危惧を筆者は持っています。

実際にこの原稿を書いていて気が付いたのですが、最近は「SOGI」という言葉をあまり聞かなくなりました。もっぱら流行語狙いとして使われたとしたら、それはそれで残念なことです。

4

DSM-5 の「性別違和」を
詳しく見てみよう

(1) DSM-5 における「性別違和」の診断基準

　まずは、DSM-5 診断基準の全文を紹介したいところですが。DSM の章の所で述べましたが、DSM は、今や、米国精神医学会のドル箱なのです。ですから、著作権に大変厳しく、他の出版物で全文を引用するのが大変難しい状況です。

　正確な全文を知りたい人は、医学書院から出ている日本語訳、「DSM-5 精神疾患の診断・統計マニュアル」を読んでください。

　そういう事情がありますので、ここでは、適宜省略したり、少し解説や具体例を加えながら、診断基準を紹介していきたいと思います。

302.85

青年および成人の性別違和 Gender Dysphoria（in Adolescents or Adults）

A　その人が体験し、または表出するジェンダー（experienced/expressed gender）と、指定されたジェンダー（assigned gender）との間の不一致が、6カ月以上あること。

　　次の6項目のうちの2つ以上が必要。

① その人が体験し、または表出するジェンダーと、第一次性徴（男性であればペニス・睾丸、女性であれば腟など）および/または第二次性徴（男性であれば、ひげ・声変わ

り・筋肉がつくことなど、女性であれば胸のふくらみ、骨盤の発育など）との間に著しい不一致があること。(自分は男性だと思っているのに、どうして女性の体なんだ？など)

② 第一次性徴および/または第二次性徴から解放されたいという強い欲求。(男性だと思っているのだから、胸が膨らむのは止まってくれ。女性だと思っているのだから、おちんちんがなくなればいい、ひげや声変わりはやめてくれ。)

③ 反対のジェンダーの第一次性徴および/または第二次性徴を強く望む 。(男の体になりたい。女の体になりたい)

④ 反対のジェンダー（または指定されたジェンダーとは異なる別のジェンダー）（or some alternative gender different from one's assigned gender）になりたいと強く望むこと。(男として学校に行きたい。女性として仕事をしたい……、男性でも女性でもなく無性としていきたい……)

⑤ 反対のジェンダー（または指定されたジェンダーとは異なる別のジェンダー）として扱ってほしいと強く望むこと。(男子生徒としてあつかってほしい、女子社員として女子制服を着たい、男扱いも女扱いも嫌だ……)

⑥ 反対のジェンダー（または指定されたジェンダーとは異なる別のジェンダー）に典型的な感情や反応を自分が持っ

ていると強く信じていること。（男友達と遊んでいていつも
自分は男の子と同じだと感じていた……。女子と話していて、
オシャレの話をしているほうが楽しい。Ｘジェンダーの体験
談を読んで自分と同じだと思った……）

B.　その状態は、著しい苦痛、または社会や職業生活などで
の機能の障害と関連していること。（そのことでつらい、働
いたり、生活をしていくうえで、困難が多い）

⑵　DSM-IV-TR の「性同一性障害」とどこがどうかわっ
たか

ここからは、DSM-5 の性別違和が、DSM-IV-TR の性同一
性障害から、どう変わったかを詳しく見ていくことにします。
変更点だけでなく、筆者の考察も交えながら、その背景につい
ても見ていきましょう。

①　疾患リストには残った
変更点を書く、と言いましたが、まず大切な変更されなか
った点を確認します。それは、「DSM の中に残った」というこ
とです。脱病理化運動での主たる主張は、精神疾患のリストで
ある DSM からの削除でした。しかし、DSM-5 では、病名や
診断基準の変更はあるものの、リストの中には残り、依然とし
て精神疾患としての扱いのままとなりました。これが DSM-5
における、最も大きな特徴です。

② 疾患名の変更

変更面として、やはり一番に注目すべきことは、「Gender Identity Disorder（性同一性障害）」が「Gender Dysphoria（性別違和）」に変更されたことです。この変更の背景には、「性同一性障害」という病名への当事者たちからの批判があったようです。日本では「性同一性障害」という病名は、比較的人気は高く、DSM-5が出た現在も「性同一性障害」がいまだに当事者の間でも多く使われているという現状があります。しかし、欧米では「性同一性障害」という病名は、不人気で、批判の対象だったのです。

批判される理由の第1は「性同一性障害」とは「性同一性の障害」を意味するからです。「性同一性」とは「gender identity」の訳語で「性自認」ともいい、平たく言えば、「心の性」のことです。「性同一性の障害」という意味の病名であれば、当事者たちが持っている心の性の障害、という意味になります。たとえば、「体が男であるにもかかわらず、自分のことを女性と思っている精神疾患」ということです。しかし、当事者たちは自分たちを「性同一性の障害」とは思ってはいません。当事者たちは自分の心の性が間違っているとは感じてはいないのです。間違っているのは心の性ではなく、「体の性」だと感じているのです。ですから「性同一性障害」という病名は、彼らの「体の性のほうが間違っている」という訴えの全く反対の意味になるのです。

また、「disorder 障害」という言葉が使われていた点も批判

の対象でした。脱病理化の流れの中で、身体的性別と性同一性が不一致であっても、それは障害ではないと、と考える人が増えてきています。それは障害ではなく、個々が尊重されるべき、多様なセクシュアリティの一つであると考えるのです。そこで、疾患のニュアンスの強い「disorder 障害」という言葉を使用することを避けたのです。

　DSM-5 における疾患名は当初の案では、性別の不一致を意味する「gender incongruence」が発表されました。しかし、なじみのない言葉だったかことなどから、批判をうけ、最終的には「Gender Dysphoria（性別違和）」になりました。この言葉は、「性別の違和感」という症状を表す言葉としてもともと用いられていたなじみのある言葉であり、「disorder 障害」という用語も使われておらず、比較的疾患のニュアンスの薄い言葉であることなどから、決定となったようです。ただ、この当初の案に使われた「gender incongruence」は、ICD-11 のほうでは採用されることになりました。

　日本語訳の「性別違和」に関しては、症状を示す用語としてはもともと使われていたことや、「gender dysphoria syndrome」という過去の類似概念が「性別違和症候群」という訳語で用いられたこともあり、GID 学会や、日本精神神経学会などの専門家の集まりでも、比較的スムーズに決定となりました。ただ、「性別違和症」と「症」をつけるべきかという議論は少しありました。しかし、「症」をつけると、疾患としてのニュアンスが日本語でも強まることから「性別違和」と「症」をつけない名前で決定となりました。なお、ときおり

「性別異和」の漢字表記を見ることがあります、誤りですので間違えないように。

③ 「sex（性）」という言葉が「assigned gender（指定されたジェンダー）」に置き換えられた

DSM-IV-TR で用いられていた、身体的性別を表す用語「sex（性）」は、DSM-5 では「assigned gender（指定されたジェンダー）」に置き換えられました。

身体的性分化においては、生物学的性別の諸要素は他の諸要素と不一致なことがあります。たとえば染色体は男性の46XY であっても、男性ホルモンであるテストステロンへの反応が不一分なことにより、外性器が女性型となっている場合などもあります。それゆえに、「sex・性」という用語を用いることは、どの要素の生物学的性別かがわかりにくく混乱を招くことがあります。そのような混乱を避けることが、「assigned gender（指定されたジェンダー）」が用いられることになった第一の理由と思われます。

「assigned gender（指定されたジェンダー）」とは、出生時などに、助産師・医師等により、男性ないし女性に指定されたジェンダーを指します。多くの場合は「あ、おちんちんがあるから男の子ですね」といった感じで決まり、それがそのまま役所に届けられ、公的な性別となります。ただし、性分化疾患の一部のものでは、出生時にどちらの性別に指定すればよいか決めかねる場合もあります。そういった場合には、通常は専門の医師が両親と相談し、性別を決定し指定することになります。

また「指定されたジェンダー」へと変更された理由が、当事者が違和感を持つ対象の中心を、「身体的な性別」ではなく「社会によって与えられた性別」である、というふうに、理解が変わってきたという面もあると思います。つまり苦痛の中心は「自分の体」ではなく、「男扱いされること」「女扱いされること」、「男として生きなければいけないこと」「女として生きなければいけないこと」といった、社会役割的側面にあるという考え方です。身体的違和感や身体治療願望がなくても、診断基準を満たしうることも、この社会役割的側面に主眼が移ったことを示していると思います。

　また「sex（性）」から、「指定されたジェンダー」への用語の変更により、満足すべき身体的治療などにより成功裏に性別移行を終えたものが、診断を「失う」ことも可能となりました。つまり、DSM-IV-TR においては、いったん性同一性障害と診断された者は、身体的治療と性別移行を終え、自分が同一感を持つ性別役割に心理的にも適応していたとしても、診断が続くとみなされたという問題がありました。しかし「指定されたジェンダー」との不一致であれば、治療により新たに「指定されたジェンダー」が「体験し、または表出するジェンダー」と一致すれば、もはや診断基準を満たさなくなるということです。

　逆を言えば、この診断は、治療によって反対の性別になった後に、最終的には反対の性別だと感じることが出来なくて、性別移行後に後悔している者に対しても、用いることが出来ます。たとえば、男性の体で生まれ、男性としての性別を指定されたものが、性別の違和感を持ち、女性化への身体治療を行い、

女性へと法的性別を変え、女性として生活してみたものの、「新しく指定された」女性としての性別に、一致感を感じず、体験し、表出するジェンダーとしては、再び男性であると感じている場合などのケースです。こういった場合は、新たに女性として「指定されたジェンダー」に違和感を持つとして、「性別違和」の診断が出されるのです。

④ experienced/expressed gender（体験し、または表出するジェンダー）という言葉が使用された

DSM-5 で新たに使われ始めた言葉に「experienced/expressed gender（体験し、または表出するジェンダー）」があります。性別違和とは「experienced/expressed gender（体験し、または表出するジェンダー）と、指定されたジェンダーとの不一致に伴う苦痛」のことですので、この「experienced/expressed gender（体験し、または表出するジェンダー）」は、疾患概念の根本にかかわる、大切なキーワードです。まあ、ぼんやりとは意味は分かるのですが、学問的に、あるいは診断で用いる上で、厳密に考えるとどうも意味がよくわかりません。

これまでは、こういう場合には「gender identity（性自認・性同一性）」が使われていたので、似たような意味かとは思いますが。私の不勉強もあって、これまでに聞いたこともないし、議論されている医学論文も読んだことがありませんでした。DSM-5 の本文を熟読してみたのですが、「experienced/expressed gender（体験し、または表出するジェンダー）」の定義や説明は見当たりません。

インターネットで文献検索したところ、ようやく参考になりそうな文章を見つけることができました。

米国精神医学会のサイトです。

https://www.psychiatry.org/patients-families/gender-dysphoria/what-is-gender-dysphoria

>People with gender dysphoria may often experience significant distress and/or problems functioning associated with this conflict between the way they feel and think of themselves（referred to as experienced or expressed gender）and their physical or assigned gender.

訳：性別違和のある人は、自分自身の感じ方や考え方（体験し、または表出するジェンダー）と身体的または指定されたジェンダーとの間の葛藤に関連した苦痛や機能の障害をしばしば経験しうる。

すなわち、experienced or expressed gender とは、the way they feel and think of themselves（自分自身の感じ方、考え方）という意味です。

その前のところではこんな記載もありました。

>Gender dysphoria involves a conflict between a person's physical or assigned gender and the gender with which he/she/they identify.

訳：性別違和は、その人の身体的または指定されたジェンダーと、その人が同一化するジェンダーとの間の葛藤

ここでの性別違和の定義は、身体または指定されたジェンダーと「the gender with which he/she/they identify」（その

人が同一化するジェンダー）の葛藤です。

　すなわち、experienced or expressed gender は「the gender with which he/she/they identify」と同じ意味だということになります。そうであるなら、identify を使っているので、gender identity とほぼ同義語ということです。そうなると、わざわざなじみの深い、gender identity からの変更が謎になります。

　性別違和についての国際的な重鎮である、オランダの Peggy T Cohen-Kettenis 先生のグループによる説明も見つけたので紹介します。

　https://academic.oup.com/jcem/article/102/11/3869/4157558

　>Endocrine Treatment of Gender-Dysphoric/Gender-Incongruent Persons: An Endocrine Society Clinical Practice Guideline, *The Journal of Clinical Endocrinology & Metabolism*, Volume 102, Issue 11, 1 November 2017, Pages 3869-3903

　Gender identity/experienced gender: This refers to one's internal, deeply held sense of gender. For transgender people, their gender identity does not match their sex designated at birth. Most people have a gender identity of man or woman (or boy or girl). For some people, their gender identity does not fit neatly into one of those two choices.

訳：性同一性／体験したジェンダー：この言葉は、個人の内面に深く持たれたジェンダーの感覚を意味する。トランスジェンダーの人々にとって、性同一性は、出生時に指定された性別とは一致しない。多くの人は男性か女性か（または少年か少女か）の性同一性を持つ。これらの二つのどちらかの選択に性同一性があてはまらないものもいる。

　ここでは、Gender identity/experienced gender とありますので、二つは同じ意味ということです。ただし、この説明では DSM-5 とは違い、expressed gender については触れられていません。DSM はアメリカが作るものなので、オランダのグループは少し言葉の使い方の流儀が違う、という事なのかも知れません。

　ここまでで、「experienced/expressed gender（体験し、または表出するジェンダー）」は「gender identity（性自認・性同一性）」とだいたい同じ意味だろうという事が分かりました。さらに英単語の意味から深く考えていきたいと思います。

　まず、「experience」の意味です。

　誰しもが知っている有名英単語なので、「体験する」と訳されていて、誰も疑問は感じないと思います。しかし「体験したジェンダー」って何でしょうか。翻訳した人には申し訳ないのですが、正直意味がよくわかりません。

　そこで、あらためて、英英辞典や英和辞典を読み直してみました。すると experience には、体験するという意味以外に、feel、感じる、という意味もあることに気が付きました。

　つまり、出来事を「experience」すれば、それは「経験す

る」「体験する」ことです。

感情・感覚を「experience」すれば、それは「感じる」という日本語訳になります。

experience pain　痛みを感じる

experience delight　喜びを感じる。

という例でよくわかります。

さらに、「感じる」よりもう一歩深い、「身にしみてわかる」という意味もあるようです。

つまり、experienced gender を、「体験されたジェンダー」と日本語訳したから意味が分かりにくいものとなったのであり、「感じたジェンダー」であれば、理解しやすいのではないでしょうか。

「身にしみてわかる」という意味もとりいれ、「実感したジェンダー」とすれば、意味もさらに明瞭になると思います。

「実感したジェンダー」であれば、臨床的にも、「いい言葉だな」と思います。DSM-IV-TR の巻末の付録の専門用語集では、gender identity 性同一性を「男性または女性であるというその人の内的な確信」と定義しています。しかし、臨床の現場で、性別の違和感を訴える人の中には、そこまで確信していないことも多いのです。

実際には「体が女なのは分かっているけど、自分は男だと感じるんだ」というように語ります。このように、確信というより、実感を訴えることが多いので、臨床的には experienced gender という言葉の置きかえは、納得するところです。

ただそのぶん、確信の度合いの弱いものも含むという意味

では、より多くの人を対象とするという側面も否定できないでしょう。

　次に「express」という単語も考えてみたいと思います。「express」は、通常、「表現する」と日本語訳しますね。この「表現する」という言葉からは、私は「演技」「パフォーマンス」「演出」といった言葉を連想します。「表現が豊か」「新たなる表現」といった言葉からは、「意識的に外部の人々の視線を意識して、自分の外側を作り出したり、言葉を発すること」といったニュアンスに感じてしまうのです。

　そうなると「expressed gender」で、たとえば、男性として生まれ、内面的には女性として感じている人が、社会生活上、スーツネクタイをして男性として暮らしている場合には、その「expressed gender」は男性という事になるのでしょうか。すると性別違和ではない、という事になる？？？

　あるいは、男性として生まれ、内面的にも自分のことを男性と思っている人が、ツイッターなどで人気者になりたいために、化粧や女装をして、かわいい女の子姿の写真をアップしているとします。するとこの人は「expressed gender」が女性という事になるのでしょうか。

　どうも違う気がします。すると、express を表現する、という私の理解がおかしいのでしょう。

　そこで、express を辞書でまた調べてみました。

　express の語源はラテン語で「外に押し出す」を意味する「expressus」だそうです。中のものが外に出る、という意味ですね。日本語訳でも「表現する」以外に「表に現れた」とい

う意味もあります。つまり意識的にそとづらを作り上げるのではなく、中にあったものが、自然に外に出る、というのが本来の意味なのだと思います。

ですから、内面が女性の人が無理に男性スーツをきたところで、「expressed gender」が男性だとは言えないし、内面が男性の人が、フォロワーほしさに女装しても「expressed gender」が女性だとは言えないと思います。あくまでも、内面のジェンダーが、外側の目に見える形で現れた時に、それが「expressed gender」なのだと思います。

そんなことを考えながら、DSM-5 の日本語訳を読むと、「expressed gender」は「表現されたジェンダー」ではなく、「表出されたジェンダー」となっていることに気が付きました。「表現」も「表出」もたいして違わないのでは、と思うかもしれません。しかし、そうではありません。「表出」とは、実は精神医学の専門用語なのです。これは、精神の内界が、外に現れたことを指します。たとえば、抑うつという精神状態の人であれば、「口数が少ない、声が小さい、表情の変化が少ない、動きが少ない、髪の毛がぼさぼさ」といった、外に見える部分が「表出」です。あるいは、躁状態の人であれば、「よくしゃべる、声が大きい、よく泣き笑う、化粧が派手、服が派手、よく動き回る」といったことが「表出」です。

つまり、日本語訳の「表出されたジェンダー」は、あくまで「心の中のジェンダーが外に見える形で現れたもの」という明確な意味で使っています。これは「表現されたジェンダー」より、明確です。名訳とも言えますし、意味を絞りすぎている

かなとも思います。

　以上まとめますと、experienced/expressed gender（体験し、または表出するジェンダー）とは、「心の中にあるジェンダーを本人が実感してとらえたものや、外で目に見える形で現れたもの」といった意味であることが分かります。

　なお、DSM-5 では「体験したジェンダー」とすでに日本語訳が決定しているので、この本でもそれに従い「体験したジェンダー」と記しますが、ICD-11 の翻訳は未定ですので、私の推奨する「実感したジェンダー」を訳語としてこの本の中でも使用しています。同じ英語の2種類の訳語が混在して申し訳ありませんが、ご了承ください。

⑤男性か女性かという二分法ではない

　DSM-IV-TR では、性別に関しては、男性か女性かという二分法で記述されていました。DSM-5 の新しい記述では、「the other gender（or some alternative gender different from one's assigned gender）　反対のジェンダー（または指定されたジェンダーとは異なる別のジェンダー）」と書かれています。すなわち、「反対のジェンダー」以外の性別も想定されているのです。

　実際に臨床場面でも「自分は男でも女でもない」「自分は第三の性だ」「自分は男性と女性の中間だ」など、さまざまな表現で、自分自身の性別を語る人たちがいます。また、フェイスブックでも「男性」「女性」以外の様々な「性別」が自己プロフィールとして登録できるように、現代社会では、さまざまな性別を持つ人が出てきているのです。こういった現状があるに

4　DSM-5 の「性別違和」を詳しく見てみよう

もかかわらず、DSM-IV-TR では、男性ないし女性の性別しか想定していなかったため、そうでない人たちへの診断が困難でした。DSM-5 では男性ないし女性以外のさまざまな性別のものを含むようになり、診断が可能となっているのです。

　ここで少しわき道にそれますが、X ジェンダーについて記します。

　X ジェンダーとは、1990 年代後半頃より、関西で使われ始め、その後インターネットを中心にひろがり、日本で使われている言葉です。エックスジェンダー、と発音します。和製英語であり、医学的専門用語でもありません。そのため、医学的立場からの明確な定義は困難です。

　使われ方を見ていると、主に自分のジェンダー・アイデンティティが、男性、女性どちらにもなく、「無性である」という場合に用いるようです。広い意味では「ジェンダー・アイデンティティがわからない」場合や、「ジェンダー・アイデンティティが男女どちらでもある」場合に使うこともあるようです。

　身体的性別が男性のエックスジェンダーのひとを「MTX」（male to X）、身体的性別が女性のエックスジェンダーのひとを「FTX」（female to X）と呼ぶこともあります。

　「男女どちらでもない」という意味では、英語圏では「gender」に否定の接頭語「a」をつけて「agender」（発音はエイジェンダーまたはアジェンダー）と呼ばれることが多いようです。

　また、男女どちらかよくわからないという意味では、「questioning」（クエスチョニング）という言葉が用いられます。

81

ただこれらの言葉は日本ではあまり知名度もなく、十分にはその概念が紹介されてきませんでした。

　あるいは、いろんな人も含めて幅広く「transgender」（トランスジェンダー）という言葉もあります。トランスジェンダーは日本でも最近では知名度のある言葉なのですが、医学的概念である「性同一性障害」に対して、医学的概念ではない、というニュアンスが強く日本ではあるかもしれません。

　結局のところ、なぜ日本で「Xジェンダー」が普及したのかは明確な理由はわかりません。個人的な推測としては「X」という言葉が日本人的言葉の感覚にぴったりで、「エックスジェンダー」という言葉の響きも分かりやすかった、というネーミングの妙によるものではとも思います。

　ここで、考えたいのは、医学的診断です。

　「性同一性障害」は基本的には「身体の性別とは反対の性別であると強く確信している」状態です。Xジェンダーの場合は、「反対の性別であるという強い確信」はないので、診断基準は満たさないことになります。

　しかし、DSM-5では、性同一性障害は「性別違和」という診断名に置き換わり、診断基準も変更されました。

　すでに述べたように、「反対のジェンダー」だけでなく「指定されたジェンダーとは異なる別のジェンダーの場合でも、診断基準を満たすようになりました。つまり、「男でも女でもないジェンダー」「男と女の中間のジェンダー」などのタイプのXジェンダーは、診断基準を満たしうるということです。

　ただ、「自分でもまだよくわからない」といったタイプのX

ジェンダーの人は「指定されたジェンダーとは異なる別のジェンダー」とも言い切れず、診断基準は満たさないでしょう。

　また、診断基準Bもあります。本人に苦痛等があることも診断基準ですので、Xジェンダーの人で、特に困ることなく社会生活も支障がない、といった方も診断基準は満たさないと思います。

⑥身体的性別への違和感がなくても診断基準を満たす

　性同一性障害とは何か、と聞かれたら、ある程度理解のある人であれば「体の性別と心の性別が一致しない病気」と答えると思います。間違った答えではありませんし、私も簡単にわかりやすく説明するときは、こういった言い方をしていました。その続きとして、「だから心の性別に体の性別を合わせようと、ホルモン療法や手術が必要となる」と治療についても述べることになります。

　ところが、DSM-5の性別違和では、こういった説明は誤りとなります。自分の身体的性別への違和感が強くない場合や、身体的治療を望んでいない場合でも、診断基準を満たすのです。

　診断基準をもう一度読んでみましょう。「診断基準A」の所に6つの診断基準が書かれていますが、「2つ以上によって示される」と最初に書かれています。つまり、6つの診断基準の中で、2つの基準を満たせばよいのです。6つの診断基準のうち最初の3つは、身体の性的特徴に関することですが、残りの3つは身体的な性的特徴とは関係のないものです。ですから、たとえ、身体的性別違和感がなくても、残りの3つ診断基準の2

つを満たせば、「性別違和」となるわけです。たとえば、女性として生まれた人が、生理や胸のふくらみに違和感はなく、男性的な体になりたいと思わなくても、「自分の心は男性だと思う。周りも自分を男性として扱ってほしい」と訴えれば、診断基準を満たしうるのです。

「指定されたジェンダー」の所でも述べましたが、この診断基準の変更は、当事者が違和感を持つ対象の中心を、「身体的な性別」ではなく「社会によって与えられた性別」である、というふうに、理解が変わってきたという面の表れでしょう。苦痛の中心は「自分の体」ではなく、「男扱いされること」「女扱いされること」、「男として生きなければいけないこと」「女としていけなければいけないこと」といった、社会役割の側面にあるという考え方です。

⑦　性分化疾患が除外疾患ではなくなった

診断基準の中から、「その障害は、身体的に半陰陽を伴ったものではない」がなくなり、性分化疾患がある場合は、併記することになりました。すなわち、DSM-5 では、性分化疾患を除外しない疾患概念となっています。これまで、性分化疾患を抱え、性別違和を持つものをどのように臨床的に位置づけ対応していくかは難しいものがあったのですが、DSM-5 では、たとえ性分化疾患があっても、「性別違和」の診断は可能となったので、臨床的な対応における困難は軽減されることになります。

84

4 DSM-5 の「性別違和」を詳しく見てみよう

⑧ 「D. その障害は、臨床的に著しい苦痛または、社会的、職業的または他の重要な領域における機能の障害を引き起こしている」が変更されている

DSM-IV-TR にあった「D. その障害は、臨床的に著しい苦痛または、社会的、職業的または他の重要な領域における機能の障害を引き起こしている」は、DSM-5 でも、診断基準 B として、ほぼ同様の記述がみられます。しかし、注意深く読むと、その文言は微妙に変更されていることに気がつきます。

まず、「disturbance」（障害）が「condition」（状態）になっています。これは脱病理化の流れの中で「disturbance」（障害）という言葉を避け、より中立的な「condition」（状態）という言葉に変更したのだと思われます。

また「causes」（引き起こしている」が「is associated with」（と関連している）となっています。

これも「引き起こしている」だと、著しい苦痛が、疾患自身に本質的な原因があるもの、というニュアンスが強いのに対し、「is associated with」（と関連している）だと、社会の偏見や差別など、より外的要因も関係する、というニュアンスを含むものとなり、脱病理的意味合いが強まるものだと思われます。

⑨ 性的指向に関する下位分類が削除されている

性的指向は、性的魅力をどの性別に感じるかという事です。同性に魅力を感じれば同性愛、異性に魅力を感じれば異性愛、両性に魅力を感じれば両性愛、どちらにも魅力を感じない場合には、無性愛といいます。

85

DSM-IV-TR ではどの性的指向であるか、さらに分類するようになっていたのですが、DSM-5 の性別違和では、この性的指向に関する下位分類は削除されています。

　かつては、性的指向によるさらなる分類が、臨床や研究上役に立つのでは？という考えがあったのですが、現在の臨床現場において、性的指向そのものは、診断や、治療方針の決定に大きな役割は果たしていません。しかしながら、一方で、患者側は、ホルモン療法や外科治療の承認を診断する精神科医から得るために、不正確な情報を伝える可能性があります。

　たとえば、男性から女性になろうと思うものは、実際には女性に性的魅力を感じていても、「心が女性なのだから、男性を好きといったほうがいいだろう」といった具合に、典型的な性同一性障害患者の特徴であろうとして、男性に魅力を感じると述べたりすることがあるのです。そのため、性的指向別に下位分類することを正確に行うのは困難となるという実情がありました。

　また、性的パートナーの性別の好みに関する変化が治療中や治療後に起こることも近年知られています。すなわち男性から女性へと移行するにつれ、女性を好きだったものが男性を好きになったりすることがあるのです。このことも下位分類を不正確ないし流動的なものとさせるのです。そういった理由から、性別違和では下位分類として性的指向を特定することがなくなったのです。

　DSM-5 の性別違和が、DSM-IV-TR の性同一性障害とどのように変わったかについて、この章で述べました。細かい点も、

詳しく書きすぎて、逆に全体像が見えにくくなったかもしれません。そこでもう一度ざっくりとまとめてみましょう。

性別違和は、

・身体的性別が典型的な男性、女性だけでなく、性分化疾患も含み、

・心理的性別も典型的な男性、女性以外のものも含み、

・身体的な性別の違和感がないものも含む。

ということで、非常に広範な概念となっていることがわかります。

これは、実はほぼトランスジェンダー概念と一致するものです。

従来の疾患概念である「Gender Identity Disorder・性同一性障害」や、「Transsexual・性転換症」は、ホルモン療法や手術療法により、可能な限り身体的に反対の性別へと近づこうとするものを指す、医学的概念でした。

いっぽう、トランスジェンダーはそういった医学的概念の枠に収まらない、さまざまな非典型的な性別のありようを示す概念です。欧米では、当事者たちは医学的概念の性同一性障害ないし性転換症よりも、トランスジェンダーとして自己を呼ぶようになっています。

そこには、非典型的な性別のありようであっても、医学的疾患とみなす必要はないという脱病理化の思想も流れています。すなわち、非典型的な性指向のありようである同性愛が、もはや医学的疾患でないように、性同一性障害も医学的疾患とはみ

なすべきでないという考えです。

　このような議論の中、DSM-5では性同一性障害が疾患リストに残るか否かが注目されていたのです。結果としては、DSM-5の中では、性同一性障害はよりトランスジェンダー概念に近い「Gender Dysphoria（性別違和）」として示され、残ることになりました。このことは、ある意味で、従来の性同一性障害概念がトランスジェンダー概念に歩み寄ったともいえるでしょう。この歩み寄りにより、非典型的な多様な性別のありようの苦悩に対して、医学的対応の範囲が広がった、とポジティブにとらえることもできます。しかし、見方を変えれば、従来は医学的疾患とはみなされなかった、性別の多様のありようをも、医学的疾患として含むようになったのは、病理化の範囲が広がったとマイナスな見方もできるかもしれません。

5

ICD-11 の性別不合を
詳しく見ていこう

⑴ 性別不合は「精神及び行動の障害」から「性の健康に関連する状態」へ

　本章は ICD-11 の性別不合について詳しく見ていきます。まず全体的なところから見ていきましょう。

　なんといっても、最大のポイントは、ICD-10 では、「精神及び行動の障害」の章に「性転換症」として含められていたのが、ICD-11 から新たな章である「性の健康に関連する状態」に移動したことです。

　これによって、「精神障害」ではなくなったわけです。

　すでにこの本でも何回も触れた話で、しつこいと思うかもしれませんが、やはりこのことが最大のポイントであり、この本の中心テーマでもあります。

　「性の健康に関連する状態」の章は、性別不合以外は、性機能不全や性疼痛症があります。この性機能不全や性疼痛症も、ICD-10 では、「精神及び行動の障害」に含まれていたので、引っ越し仲間です。

　この原稿を書いている最中に、ちょうど第 115 回日本精神神経学会学術集会が新潟で開かれ、ICD-11 の精神障害の章の作成責任者ともいうべき、ジェフリー・リード Geoffrey M. Reed 先生（レビュー依頼のメールをくれた先生）の特別講演がありました。せっかくの機会ですので、あらためて、「性の健康に関連する状態」の章を新設した理由を聞いてみました。

　「DSM は精神疾患だけのリストだが、ICD は違う。性機能

不全は、心因だけでなく身体要因もかかわる。性同一性障害は精神疾患であるがゆえに、社会的スティグマが高まり、かえって医療へのアクセスを難しくした。よって、精神疾患のリストからは外した。ただ、国によってはICDのリストにあることで、医療へのアクセスを容易にするので、リスト全体の中には残した」

といった感じのお答えでした。直接、作成責任者の生の声で聞くことができ、よかったです。

(2) 「conditions」を「状態」と訳すか「病態」と訳すか

性別不合は、「性の健康に関連する状態」の章に移ったといいましたが、「性の健康に関連する状態」は、原文では「Conditions related to sexual health」といいます。

この「conditions」をどう訳すかで、実は議論があります。

「condition」は日本語でも「コンディション」といいますね。

「コンディションがいい」、「コンディションが悪い」というように、もともとは「状態」という中立的な意味で、特にいいとか悪いとかのプラスマイナスの意味がある言葉ではありません。しかし、病気の「コンディション」であれば、「病態」とも訳せます。

「性別不合が脱病理化した！」と考えれば「状態」と訳すべきだし、

「ICD-11の疾病リストに残った」と考えれば「病態」と訳すべきでしょう。

9I

「状態」か「病態」かという訳語の選択は、こういうややこしい問題を含んでいるのです。

　ただ、「ICD-11」というのは、すでに書いたように、厳密には「疾病リスト」ではなく、「疾病及び関連保健問題」のリストです。「17章　性の健康に関連する状態」の次の章は「18章　妊娠、分娩，または産褥」です。妊娠や出産は、疾患ではなく「関連保健問題」ですね。ですから、性別不合も「関連保健問題」であって、「疾病」ではない、ともいえます。

　しかし、ICD-11は性別不合が「関連保健問題」か「疾病」かについては明言はしていません。

　そこで、もう少し視野を広げてみましょう。

　「17章　性の健康に関連する状態」には、性別不合以外に、性機能不全や性疼痛症が含まれています。性機能不全とは勃起不全や射精不全などです。性疼痛症とはセックスをする時痛みを感じることです。これらは「疾病」である度合いが強い気がします。

　別の章も見てみましょう。19章と26章に「condition」が使われています。

　19章は「Certain conditions originating in the perinatal period」というのがあり、ICD-10では「周産期に発生した病態」と訳されています。章の中身も疾病に関することなので「病態」という訳語が適切かと思います。

　26章は、「Supplementary Chapter Traditional Medicine Conditions-ModuleⅠ」というもので、ICD-10では存在せず、ICD-11で新しくできた章です。厚労省の仮訳では「伝統医学の病態－モジ

92

ュール I」と訳されています。ただ、章の中身を見ると東洋医学の「虚」「実」といった、体質的なことを記載する場合もあるようですので、「病態」でなく「状態」でもよいかな、という感じがします。

という感じで、視野を広げてみても、「病態」か「状態」か、どちらの訳語を選ぶべきか決着がつきません。

現状はどうかというと、日本精神神経学会の作成した訳語案は脱病理化の概念を尊重し、「状態」です。

https://www.jspn.or.jp/uploads/uploads/files/activity/ICD-11Beta_Name_of_Mental_Disorders%20List（tentative）20180601.pdf

いっぽうで、厚労省がネット上で「仮訳」でだしているのは「病態」です。

https://www.mhlw.go.jp/stf/houdou/0000211217.html

厚労省は、各専門学会の意見をかなり尊重する方針のようですので「状態」になる可能性が高いと思うのですが、ほかの章の訳語との整合性を保つうえで「病態」になる可能性も残ります。

後ほど詳細は書きますが、今のところ厚労省は、性別不合に関する精神科や手術療法に関する保険適用は、ICD-10 の「性転換症」を継続するという意向のようです。

ただ、あまりに「状態」という訳語にこだわるばかりに、「妊娠や出産と同様に疾病ではない」ことを主張しすぎると、保険適用の継続がやや心配になります。わが国では妊娠や出産費用は保険適用外ですから。訳語にこだわりすぎず、たとえ

「病態」でも、保険適用の継続を確実なものにするほうが良い、という考えもあるかもしれません。

⑶　性別不合の診断基準

　ではいよいよ性別不合を詳しく見ていくことにしましょう。

　まずは ICD-11 の診断基準を記したいと思います。DSM-5 とは違い、ICD-11 は WHO が発行するもので、世界中で使用されることを目的としており、著作権にもうるさくありません。

　そこで英文の全文を載せたいと思います。性別不合は「小児期の性別不合」と「青年期および成人期の性別不合」がありますが、「青年期および成人期の性別不合」について記します。

　ただ、WHO のサイト

　https://icd.who.int/browse11/l-m/en#/http%3a%2f%2fid.who.int%2ficd%2fentity%2f90875286）

　に診断基準が掲載されているのですが、2018 年 6 月と、この原稿を書いている 2019 年 6 月現在では、記述には変更が見られます。最終的に発表されるときは、さらに細かな文言の変更があるかもしれません。

　ここでは、2018 年 6 月と 2019 年 6 月それぞれの診断基準を載せます。日本語訳はまだありませんので、私の試訳も載せます。

2018年6月時点の診断基準

HA60 Gender incongruence of adolescence or adulthood

Gender incongruence of adolescence and adulthood is characterized by a marked and persistent incongruence between an individual's experienced gender and the assigned sex, as manifested by at least two of the following: 1) a strong dislike or discomfort with the one's primary or secondary sex characteristics (in adolescents, anticipated secondary sex characteristics) due to their incongruity with the experienced gender; 2) a strong desire to be rid of some or all of one's primary and/or secondary sex characteristics (in adolescents, anticipated secondary sex characteristics) due to their incongruity with the experienced gender; 3) a strong desire to have the primary and/or secondary sex characteristics of the experienced gender. The individual experiences a strong desire to be treated (to live and be accepted) as a person of the experienced gender. The experienced gender incongruence must have been continuously present for at least several months. The diagnosis cannot be assigned prior the onset of puberty. Gender variant behaviour and preferences alone are not a basis for assigning the diagnosis.

HA60 青年期および成人期の性別不合

　青年期および成人期の性別不合は、その人が実感したジェンダーと指定された性別の間の著しく、持続的な不一致により特徴づけられ、以下のうちの２つ以上によって示される。１）実感したジェンダーとの不一致により、その人の第一次及び第二次性徴（青年期においては予想される第二次性徴）への強い嫌悪または不快感。

　２）実感したジェンダーとの不一致により、その人の第一次及び第二次性徴（青年期においては予想される第二次性徴）の一部またはすべてから解放されたいという強い欲求。

　３）実感したジェンダーの第一次及び第二次性徴（青年期においては予想される第二次性徴）を獲得したいという強い欲求。

　その人は、実感したジェンダーの人間として扱われたい（生活し受け入れられる）という強い欲求を体験する。実感したジェンダーの不一致は、少なくとも数か月は持続しなければならない。思春期の開始以前には診断することはできない。ジェンダーに非典型な行動や嗜好だけでは、診断をする基盤とはならない。

2019 年 6 月現在の記述

HA60 Gender incongruence of adolescence or adulthood

　Gender Incongruence of Adolescence and Adulthood is characterized by a marked and persistent incongruence between an individual's experienced gender and the assigned sex, which often leads to a desire to 'transition', in order to live and be accepted as a person of the experienced gender, through hormonal treatment, surgery or other health care services to make the individual's body align, as much as desired and to the extent possible, with the experienced gender. The diagnosis cannot be assigned prior the onset of puberty. Gender variant behaviour and preferences alone are not a basis for assigning the diagnosis.

Exclusions

Paraphilic disorders

HA60 青年期および成人期の性別不合

　青年期および成人期の性別不合は、その人が実感するジェンダーと指定された性別の間の著しく、持続的な不一致により特徴づけられる。それはしばしば、実感したジェンダーでの人間として生き、受容されるために、「移行」をしたいと望むこととなる。実感したジェンダーへその人の身体を一致させようと、望み、可能な範囲で、ホルモン治療や手術やその他の健康サービスを受ける方法によってである。思春期の開始以前には診断することはできない。ジェンダーに非典型な行動や嗜好だけでは、診断をする基盤とはならない。

　除外診断

　パラフィリア症

⑷ 「性別不合」という診断名

「性別不合」は「gender incongruence」の訳語です。

ICD-11 で新名称が「gender incongruence」になるかも、という情報は、2012 年頃より、ICD-11 の作成委員もしていた香港大学のサム・ウィンター Sam Winter 先生などにより日本にも入ってきていました。それで、その日本語訳をどうしようかと、我々は悩むことになります。

海外で「gender identity disorder」は不人気な病名でしたが、「性同一性障害」は日本では人気のある言葉でした。それが新たな名称になるのですから、一大事です。まあ、年号が変わるのに似ているかもしれません。われわれは、あれこれ訳語を考えるようになりました。

「congruence」は「一致」で頭に「in」が付くと否定の意味になり、「incongruence」は「不一致」という意味です。ですから、私は当初「性別不一致」を仮訳としました。論文等でICD-11 についての紹介記事を書く時も「性別不一致」を用いていました。

しかし、自分で言うのもなんですが、医学的概念を表す用語としては「性別不一致」は、なんともダメですね。何がどうダメかというのは感覚的な問題ですが、言葉の響きとしてダメです。やたらもったいぶった重々しい医学用語もどうかと思いますが、さすがに「不一致」は浅薄な感じです。

次に有力候補となったのが「ジェンダー不調和」という言

葉でした。ただ、「不調和」という言葉に対してその後、異議が出されます。

「不調和」は「調和」の否定語です。「調和」は「いくつかの要素のバランスが取れていて、完璧で素晴らしい状態」といった意味です。

つまり、「調和」の意味が良すぎるために「不調和」はその反対に「ダメな状態」になるのです。「不調和」という言葉が、そういうネガティブな価値が強すぎるために、「ジェンダー不調和」は「指定された性別と実感したジェンダーが、調和していない良くない状態」という病理性が強い用語になると感じる可能性があるわけです。こういった理由で「ジェンダー不調和」も不採用となります。

そこででてきたのが、日本精神神経学会の精神科病名検討連絡会の委員でもある、松永千秋先生が提唱した「性別不合」です。「不合」は、日本語としてあまり使われない言葉で、最初は戸惑いもありましたが、無味乾燥で価値中立的なニュアンスであることから、医学用語として適切であるとの考えを、皆が持つようになります。日本精神神経学会「性同一性障害に関する委員会」で承認され、日本精神神経学会としての訳語案になりました。

ただ、訳語を最終的に決めるのは、厚労省ですので、100％の決定ではありません。しかし、今のところどこからも強い反対意見はないようですので、このまま決まるのではないかと思われます。

99

⑸　性別不合は、身体治療を受けるためのものである

　性別不合は、細かい点はともかく、ICD-10 の「性転換症」と大枠は似ているものです。つまり、身体違和に焦点を絞り、身体治療を希望する者を対象としている点です。

　DSM-5 の性別違和は、必ずしも体の性別違和は強くなく、身体治療を希望しないタイプのものも診断に含まれうるのと対照的です。

　これは、ICD-11 では、脱精神疾患化をはかるいっぽうで、身体治療が受けられるように、全体のリストに残したという経緯を考えれば当然のことでしょう。

　細かな語句を見ると、「指定された性別」の原文は DSM-5 の性別違和では「assigned gender」なのに対し、ICD-11 の性別不合では「assigned sex」となっています。「sex」は性別でも、身体的性別を指す言葉ですので、性別違和と比較しても、性別不合のほうが身体的性別への違和感を強調しているのだと思います。

　診断に必要な症状の持続時間も注目に値します。性別不合では 2018 年の基準では「数か月」と書かれてあります。性別違和は「半年」です。性別不合のほうは、早めに診断して、早く望む治療に進めるようにという考えから、半年より短い数か月になった、と聞いたことがあります。ただし、実は ICD-11 では、「第 6 章　精神・行動・神経発達の疾患」の多くの疾患で、必要とされる症状の持続時間は、DSM-5 より短いらしい

のです。

　これは、ICD-11 では、長期的経過よりも、今現在の症状から、迅速に診断し、早急に医療的対応をとるためだそうです。ICD-11 は世界中で使用される疾患リストなので、医学水準の低い国でも簡便、迅速な対応をするため、今現在の症状の重視になっているそうです。

⑹　性別不合はノンバイナリーか

　性別違和は診断基準の中に「反対のジェンダー（または指定されたジェンダーとは異なる別のジェンダー）」といった文言があるのですが、性別不合はそのような文言はありません。そのため、性別不合は、言葉の使い方は変えたものの「自分の体は女性だが、心は男性だ。男性の体になりたい！」という典型的な人を対象にしていると考えていました。

　性別を男性、女性の二つのどちらかで分けるタイプです。

　ところが、2019 年 5 月 31 日の読売新聞ヨミドクターに、性別不合の名付け親でもある松永千秋先生が「性別不合はノンバイナリーの人たちも対象にしている」といった趣旨のことを述べていました。ノンバイナリーとは「non-binary」で男女二元論にあてはまらないタイプの人です。

　「性別違和はノンバイナリーを含むが、性別不合は違うのでは」と松永先生の意見に疑問を持ちました。

　その後、すぐに松永先生に会う機会があったので、質問してみました。するとこんなお答えでした。

101

「experienced gender（実感したジェンダー）の中には、男性、女性以外も含まれるのですよ」

わたしは、松永先生の説明を受けても、十分には納得できないままでした。そこで改めて、家に帰って、診断基準を熟読してみました。

すると、確かに ICD-10 の性転換症では「the opposite sex（反対の性別）」だったところが、ICD-11 では「experienced gender（実感したジェンダー）」に置き換わっています。これ意味するところは、反対でなくてもよいという事です。

たとえば、「自分が実感したジェンダーは男性でも女性でもない。だけど、胸が膨らんでいて、嫌だ。だから胸のふくらみをとりたい」というタイプも性別不合の診断基準を満たしそうです。

松永先生の指摘するように、明示はしていないもの、性別不合も性別違和と同様に、男女二元論に基づいていないと解釈できそうです。

ただし、ICD-11 は世界中で使われるものですから、「男女二元論が……」といったややこしい議論はできるだけ避け、最大公約数的に診断基準をシンプルに書いているという事なのでしょう。あとは各国の事情に合わせて、それぞれ柔軟に使用していけばいいのでしょう。

6

服装倒錯的フェティシズムは
どうなったか?

この章は、服装倒錯的フェティシズムのその後を見ていきたいと思います。異性の服装をするという点では、性別違和感を持つ人たちと共通部分もありますし、どうなったのかが気になる人もいると思います。

⑴　DSM-5 でどうなったか

　DSM-Ⅳ-TR の服装倒錯的フェティシズム Transvestic Fetishism は、性同一性障害とともに、精神疾患リストからの削除の要求が当事者から行われきました。

　すなわち、かつて同性愛が DSM から削除されたのと同様に、典型的なジェンダー表現のありようでないものたちは、「性同一性障害」とともに「服装倒錯的フェティシズム」という、病理概念の撤廃を求めたのです。

　しかし、DSM-5 においては異性装障害 Transvestic Disorder として継続されることになったのです。非典型的なジェンダー表現をすることが病理なのか？という疑問に対しては、以下のようなロジックで疾患であると結論付けたようです。

　ただ単に異性の服装をする（cross-dressing）だけでなく、そのことに性的な興奮を持つこと。

　その空想または、性的衝動が臨床的に著しい苦痛または、社会的、職業的、または他の重要な機能の領域における機能の障害を引き起こしていること。

　病名は Transvestic Fetishism という診断名から「Fetishism」

という言葉がなくなり、Transvestic Disorder となりました。異性装は、フェティシズム的動機だけでなく、自己を女性だと想像することで性的に興奮する Autogynephilia（自己女性化性愛）による場合もあるからです。

　診断基準 A は、「少なくとも 6 カ月間にわたり、異性愛の男性が、異性の服装をすることに関する、強烈な性的に興奮する空想、性的衝動、または行動が反復する」となっています。

　この基準は DSM-Ⅳ-TR の「少なくとも 6 カ月にわたり、異性愛の男性が、異性の服装をすることに関する、強烈な性的に興奮する空想、性的衝動、または行動が反復する」と比較すると、「異性愛の男性」という文言がなくなっています。「異性愛」という用語が削除されたのは、異性装男性で、同性である男性と性的関係を持つ者はいるし、特に異性装をしているときに男性と性的関係を持つ者もいるからです。「男性」という用語の削除理由は示されていませんが、女性で男性装をする者もいるという理屈からでしょう。

　診断基準 B は、その空想や性的衝動が臨床的に著しい苦痛や、社会的、職業的、または他の重要な機能の領域における機能の障害を引き起こしていること、です。

　この基準は、DSM では、精神疾患として定義するためのお馴染みの文言です。パラフィリア障害群の中で、窃視症、露出症、窃触症、小児性愛、性的サディズムは「実行」も基準 B に含まれますが、異性装障害、フェティシズム障害、性的マゾヒズム障害の 3 疾患は「実行」は診断基準 B には含まれません。それは後者のグループでは実行したとしても性犯罪の実行を意

味しないからです。

　また、① Fetishism（フェティシズム）を伴うもの、②
Autogynephilia（自己女性化性愛）を伴うもの、があれば特定す
るようになりました。Autogynephilia（自己女性化性愛）は、将
来的に性別違和を持つ可能性が高く、臨床上も、研究上も有用
だからです。DSM-5 の最初の原案では③ Autoandrophilia（自
己男性化性愛）を伴うもの、という分類もありましたが、最終
的には含まれませんでした。自己男性化性愛は女性で自己を男
性と想像することで性的興奮をするものを指し、自己女性化性
愛からの類推で概念化されたものでしょうが、実際の臨床場面
ではまれであることより、最終的には含まれなかったものと思
われます。

　次に日本語の訳語である「異性装障害」について述べたい
と思います。これまでは、「transvestism」は日本の精神医学
では「服装倒錯」と古くから訳されてきました。この訳語に対
しては、「性倒錯という言葉はもはや使われていないのに『倒
錯』を使うのは一貫性がないこと」「服装倒錯という言葉では、
異性装以外での服装（幼児服を着る、軍服を着るなど）による性
的興奮も含む意味となる」ことなどにより「異性装」を使用す
べきことが筆者らにより 20 年近く前から主張されてきました。
今回の訳語では、ついに「異性装障害」となり、筆者らの主張
に沿った妥当な訳語と、最初は思いました。しかし、いざ決定
されると問題があることに気がつきました。以下の理由からで
す。

　近年、米国の当事者を中心に、医学的疾患名である

「transvestism」ではなく、より価値中立的な「cross-dressing」という言葉が用いられるようになりました。「cross-dressing」は、精神疾患名でもなく、性的興奮を目的とするものでもなく、自己のジェンダー表現として、反対の性別の服装をすることを意味します。日本でも近年「女装家」の肩書を持つ学者や芸能人の活躍や、サブカルチャーとしての「男の娘（おとこのこ）」ブームなどもあり、ジェンダー表現として、反対の性別の服装をすることが広く社会的にも認められてきています。

　日本語では、このような英語の「cross-dressing」に相当する場合に、価値中立的に、精神疾患のニュアンスのない、「異性装」と呼ぶようになっていました。今回、Transvestic Disorder を「異性装障害」と訳したことにより、「性的興奮に結びつく精神疾患概念としての transvestism」と「性的興奮とは関係がなく精神疾患概念でもない cross-dressing」がともに「異性装」という日本語になってしまいました。

　このように両者が区別されないことにより、日本語では精神疾患概念でない「cross-dressing」まで精神疾患と混同されかねないことになったのです。これらのことを考慮すると、両者の区別がつく訳語の検討が今後必要だと思います。

(2)　ICD-11 ではどうなったか

　次に ICD-11 を見ていきましょう。

　見ていく、といいましたが、実はきれいさっぱり削除されました。

ICD-11 では、パラフィリアの定義でも、大幅な変更があったのです。これまでは「生殖に結びつく性行動は正常。結びつかない性行動は異常」という考え方でした。

　しかし「お互いに同意のある性行動が正常」、「本人ないしは相手が傷つく可能性のある性行動が異常」という考え方に変わったのです。

　ですから以上の定義に該当しない服装倒錯的フェティシズムは、「フェティシズム」とともに、疾患リストから削除されたのです。

　まあ、確かに女装して自慰をしたところで人様に全く迷惑をかけていません。それを「精神疾患だ！」と診断をつけるほうが、余計なお世話であって、おかしい気がします。

　DSM も次の改訂版では、削除するのではないでしょうか。そうすると日本語訳で悩む必要もなくなりますね。

7

ガイドラインはどうなるだろう？

(1)　ガイドラインとは何か

　世の中には、いろんな「ガイドライン」があると思いますが、この本で「ガイドライン」とは、正式には「性同一性障害に関する診断と治療のガイドライン」のことを指します。

　その名の通り、性同一性障害の診断と治療をどのように進めていくかの方針、手順を示したものです。「日本精神神経学会　性同一性障害に関する委員会」で作成しています。1997年に第1版ができ、その後改定を重ねて、現在は第4版です。

　なぜガイドラインが作成されたかを理解するには、性同一性障害の治療に関する、日本の歴史的経緯を知る必要があります。

　1969年に判決が出た「ブルーボーイ事件」が事の発端です。この事件では、性転換手術（現在の性別適合手術）を行った産婦人科医が、優生保護法違反で有罪判決を受けました。以後日本では、性転換手術は基本的には行われなくなります。

　ただよく読むと、この有罪判決は、性転換手術を全面的に違法とするものではなく、一定の手続きを手術にあたって条件づけているものだったのです。その一定の手続きを満たしていないから、有罪判決となったのです。

　1990年代にはいり、埼玉医科大学の形成外科教授の原科孝雄先生が、性別適合手術を行いたいと考えるようになります。そこで、手術の倫理的是非を埼玉医科大学の倫理委員会が検討します。この委員会の委員長であったのが埼玉医科大学の精神

科教授であった山内俊雄先生です。

この委員会の結論として、手術にあたっては、治療のガイドラインの作成が必要との判断を示します。

そこで、日本精神神経学会が、山内先生を委員長に「性同一性障害に関する特別委員会」を立ち上げ、ガイドラインを作成したのです。

この本を書くにあたり、山内先生の『性転換手術は許されるのか』（明石書店、1999年）という本を読み直したのですが、それによると、厚生省（現在の厚生労働省）からも、日本精神神経学会に対して、ガイドライン作成を促していたとのことです。

こういった経緯でガイドラインは作成され、このガイドラインにのっとる形で、性同一性障害の治療が進められていき、1998年10月、わが国で公に知られる形で、初めて女性から男性への手術が行われたのです。

ガイドラインにのっとって行われましたので、特に違法性が問われるような事件にもなりませんでした。以後、改定こそありましたが、わが国では20年間にわたり、ガイドラインに従う形で治療が行われてきたのです。

⑵ ガイドラインはだれが作成すべきか

以上の経緯で、現在まで日本の性同一性障害診療の指針であり続けたガイドラインですが、最近はおもに2点から議論すべきことが生じています。

ひとつ目は「ガイドラインはだれが作成すべきか」という

議論です。

　これまでは、すでにのべたように、「日本精神神経学会　性同一性障害に関する委員会」で作成しています。ガイドライン作成の経緯から、「日本精神神経学会　性同一性障害に関する委員会」で作成している理由をまとめると、4点があげられます。

　第1に、ガイドラインの作成された1998年、GID学会はまだなく、（GID学会の前身である「GID研究会」の発足は1999年）、性同一性障害を対象とする、専門学会がなかったこと。

　第2に、埼玉医科大学の倫理委員会委員長であった山内俊雄先生が日本精神神経学会の理事だったこと。

　第3に、厚生省から、日本精神神経学会に対して、ガイドライン作成の促しがあったこと。

　第4に、これが一番本質的な理由ですが、性同一性障害が、精神疾患だったため、日本で最大の精神医学の学会である、日本精神神経学会が作成すべきとみなされたこと。

　さて、ところが、この本で再三述べていますように、性同一性障害は、ICD-11では「性別不合」となり「性の健康に関連する状態」への章に移され、精神疾患ではなくなります。

　そうすると、「精神疾患でない性別不合のガイドラインを、精神医学の学会である日本精神神経学会が作成するのはおかしい」という声が上がってきます。ごもっともです。

　「今はGID学会という専門学会はあるのだから、日本精神神経学会ではなく、GID学会が作成すべきだ」という声も上が

ってきます。ごもっともです。

こういった意見は、作る我々の側でも当然出ています。

ただ、ガイドラインの作成者を変更するのは、口で言うほど簡単なことではありません。

ガイドラインを作成するのはかなりエネルギーがいることです。数カ月に一度、全国から医師が集まり、内容の検討を重ねなければいけません。そうなると、それを支えるのはしっかりした組織でなければいけません。日本精神神経学会は100年を超える歴史と1万7000人を超える会員数をもつ、日本最大の精神科医の学会です。精神医学をめぐる倫理的な問題や人権問題についても、検討や議論を重ねてきた実績もあります。ガイドラインを支える土台としては実に頼りになる組織です。

GID学会も設立20年を超え、専門家の学会として着実な歩みを進めているとは思います。ただ、小規模な学会ですので、日本精神神経学会と比較すると体力不足な点は否めないのです。

そういったこともあり、やはりGID学会へといきなり作成者を変更するというのは、何かと無理がありそうです。

そこで、現在のところ、従来通りガイドラインは「日本精神神経学会　性同一性障害に関する委員会」が中心となって作成しつつ、GID学会としても、共同作成者として力を合わせていく方向で検討しているのです。

⑶　ガイドラインの中身をどうすべきか

もう一つ議論すべき問題は、ガイドラインの中身をどうす

るのかということです。

「精神疾患でなくなったのだから、中身も変えるべきでは？」という考えです。

しかし、実際のところ、大枠の所ではガイドラインの中身を大きく変えることはなさそうです。もちろん細かい文言は変更する必要はあります。

ただ、大きな流れはあまり変わりないのです。ICD-11の性別不合は、章こそ変わりましたが、中身はICD-10の性転換症とそれほどはかわりません。もともと身体治療のアクセスを容易にするために、性別不合はあるわけです。ガイドラインも基本的には、身体治療に進むためのものです。だからそんなには変わらないのです。

精神疾患でなくても、精神科医がある程度関与する必要がこれまで通りあります。

診断の段階で「実感したジェンダー」を確認するのは精神科医の役目です。

ホルモン治療や手術の適応の判断も、基本的には精神科医が中心となってこれまで通りすることになります。

精神科が嫌いなかたには申し訳ありませんが、これまで通りやはり、精神科にはある程度通院する必要があるという事です。産婦人科の診察が嫌いでも、子宮卵巣の異常の有無を確認するために、受診しないといけないのと同じことです。

繰り返しになりますが、結論としては、ガイドラインは細かな文言は国際診断基準に準じて変更はされますが、大枠は変わらない方向で検討しているという事です。

8

保険適用はどうなるだろう？

この章は、性同一性障害から性別不合への変更に伴い、保険適用がどうなるのか、検討してみたいと思います。

(1)　保険適用の現状

　まず現状からみていきましょう。ちなみに時々、「保険適応」という言葉を見かけますが、正しくは「保険適用」です。間違えないように。念のため。
　性同一性障害の治療は、大きく分けて３種類あります。
　１番目は、精神科での診療です。診断や精神療法をします。最初のスタートですね。
　２番目がホルモン療法です。男性から女性になろうとする場合は、卵胞ホルモンをメインに、黄体ホルモンや、抗アンドロゲン剤が加わることもあります。女性から男性になろうとする場合には、テストステロン製剤が使われます。
　３番目が手術です。男性から女性になろうとする場合に、陰茎切除、精巣切除、造腟術などがあります。女性から男性になろうとする場合には、乳房切除術、子宮卵巣摘出術、陰茎形成術などがあります。
　乳房切除術以外の手術は、通常の場合、ホルモン療法をしばらくやり、外観が望みの性別の姿に近づき、社会生活もある程度望みの性別で暮らしてから行います。乳房切除術はホルモン療法開始前に行うこともあります。
　この３種類の治療のなかで、精神科での診療は、もともと保険適用されていて、保険診療の中で行われてきました。

いっぽうで、ホルモン療法と手術療法は、これまで長く保険適用されておらず、高額な治療費を患者さんが負担しないといけないという問題と同時に、大学病院等の医療機関で、性同一性障害への治療を行う事へのハードルとなっていました。

そのため、GID 学会を中心に関連学会が、これまでにホルモン療法と手術療法の保険適用を厚労省に繰り返し要望してきたのです。

(2) 手術療法が保険適用されたが……

関係者のご尽力もあり、2018 年 4 月より、ついに手術療法の保険適用が認められることになりました。ただし、ホルモン療法に関しては、保険適用は認められませんでした。

また、手術療法の保険適用も、「性同一性障害」という保険病名をつけさえすればよい、というものではなく、一定の条件を満たした医療機関にのみ、保険適用を認めるというものでした。

その条件とは、以下のようなものです。

・GID 学会の認定する医師がいる。
・性同一性障害の手術経験が 20 例以上あること
・病院（入院施設がある）であること
・ガイドラインを遵守していること

これらの結果 2019 年 6 月現在、保険適用の認められた施設

は、いくつかの大学病院などに限定されています。

　また手術療法の保険適用には、一つの大きな欠陥がありました。それは、ホルモン療法が保険適用されなかったことです。保険適用されなかったので、ホルモン療法は従来通り自由診療（自費）のままです。

　ホルモン療法を自由診療でやった場合、手術は保険適用が認められなくなるのです。それは「混合診療」といって、一つの疾患に対して、自由診療と保険診療を両方することは認められないものだからです。そのため、ホルモン療法を自由診療で行った場合は、その後の手術も自由診療扱いになってしまうのです。

　では、「ホルモン療法をせずに、手術をすればいいのでは」と思うかもしれません。

　しかし、通常の治療の流れでは、手術の前にホルモン療法をするのが一般的なのです。ホルモンをすることで、反対の性別での社会生活が容易になり、元に戻ることのできない（「不可逆的」といいます）手術を本当にするべきかどうか吟味することができるのです。

　このような、欠陥がある制度だったため、手術が保険適用されて、1年以上たちますが、実際に保険で行われた手術は乳房切除術の数十例が主たるものです。乳房切除術以外の性別適合手術で保険適用されたのは数例にとどまります。この数例は、ホルモンなしでも十分に反対の性別で生活できていたなどの例外的なものです。

118

(3) ホルモン療法はなぜ保険適用されない

　ホルモン療法が保険適用されないことで、保険適用された手術まで、結局は自由診療になってしまうのであれば、「ホルモン療法も保険適用しろ」と思うでしょう。ごもっともです。

　ですが、厚生労働省が特に意地悪をして、ホルモン療法の保険適用を認めてないというわけではありません。手術を保険で認めたのですから、厚生労働省としても、ホルモン療法も、できれば保険適用を認めたいようです。

　ただ、ホルモン療法の保険適用には大きな壁があります。それはホルモン療法が、ホルモンという薬剤を用いる治療であることです。わが国で薬剤が保険適用されるには、十分な効果と安全性がデータで示されている必要があります。

　「データはないのか？」と疑問に思うかもしれません。わが国で本格的に性同一性障害治療が始まり20年以上たちます。その間にホルモン療法に関する、多くの論文も出されています。ただし、もともとも海外でも使用されていた治療を日本にも導入したものですから、十分な効果と安全性を検証すべく、綿密な研究計画に基づいたデータは乏しいのが現状です。

　「海外にはデータないのか？」と思うかもしれません。確かに海外には、ホルモン療法に関する論文は多くあります。ただ海外の論文でも、厳密な計画に基づいた研究は乏しいように思われます。

　例えば、男性から女性になるためのホルモン療法について

調べるとします。

　すると、卵胞ホルモンに加えて、黄体ホルモンや、抗男性ホルモンも同時に服用している人も多くいます。また卵胞ホルモンと一言に言っても、様々な種類の薬剤があり、注射、飲み薬、貼り薬、塗り薬と多くのタイプがあり、それを1人の人があれこれやっていることが多いのです。そうすると、どの薬剤が効き、どの薬剤に副作用があるのか、明白なことはわからないのです。

　多くの論文は、これらの薬剤をひとまとめにして、「このような効果があった」「このような副作用があった」などと書かれているのです。全体的な傾向はわかっても、特定の薬剤に関するデータは乏しいのです。

　「じゃあ、新薬開発の時のように、きちんと研究すればいいではないか」と思うかもしれません。しかし、きちんとした研究には膨大なお金がかかります。新薬開発であれば、その新薬は高い値段がつき、販売されてしばらくは利益を上げ、製薬会社も研究費を回収することができます。いっぽう性同一性障害治療で用いるホルモン剤は、すでに広く流通し、値段も廉価なものになっているものばかりです。そうするとわざわざ高い研究費をかけて、研究するモチベーションが企業は持てないのです。

　こういった事情で、ホルモン療法の保険適用はきびしいのが現状です。ただ現状のままではいけませんので、GID学会の中塚理事長を中心に、ほかの解決策を検討したり、厳密な研究計画の実施を目指したりなどしています。

(4)　性別不合の保険適用は？

　さて、では本書のテーマにもどり、性同一性障害から、性別違和、性別不合への変更に伴い、保険適用はどうなるかを見ていきましょう。

　まず、おさえるべきポイントとしては、DSM における性別違和への変更は、何の影響もありません。厚生労働省は国の機関ですから、米国精神医学会の作成する DSM ではなく、WHO の作成する ICD を採用しています。ですから、ICD-11 の影響を考える必要があるのです。

　結論から言うと、ICD-11 への改定も、保険適用に関しては大きな影響はなさそうです。

　「ICD-11 で性同一性障害は、病気ではなくなり、性別不合になった。病気ではないから保険適用されないのでは？」

　といった感じの心配をインターネット上でよく見かけます。ただこれは心配しすぎかと思います。

　何度も書いたように、ICD-11 で、性別不合は精神疾患の章から、「性の健康に関連する状態」にうつりましたが、ICD-11 の中には残っているわけです。WHO としても、医療ケアの必要な状態であることは認めているのです。

　厚生労働省は、文書等での公的な形では、ICD-11 における保険適用については、明確なことは述べていません。ただし、保険適用についての話し合いなどの場面で、口頭では「ICD-11 でも、これまでの保険適用が継続される」と述べています。

また、性同一性障害の保険適用に、政治家の立場からご尽力していただいている、谷合正明参議院議員は、2018年のGID学会第20回研究大会で以下のように述べています。

　　現行では、国際疾病分類であるICD10の第5章「精神及び行動の障害」の「性同一性障害（gender identity disorder）に分類されています。そして本年公表予定のICD-11では、新設の第17章「性保健関連の病態（仮訳）（gender incongruence）」に分類され、厚労省によればこれが「性同一性障害」に相当するとのこと。WHOの分類変更によって保険適用の対象から外れることはありません。

　つまり、章が変わっても「性別不合」は「性同一性障害」の後継概念として扱われ、保険適用に関しても同じ扱いが継続するということです。

9

「性同一性障害者の性別の
取扱いの特例に関する法律」
はどうなるだろう？

この章は、性別違和、性別不合への変更に伴い、「性同一性障害者の性別の取扱いの特例に関する法律」（以下「特例法」）がどのような影響を受けるか、筆者なりの考えを述べたいと思います。

(1)　特例法制定まで

　本題に入る前に思い出話から書きたいと思います。今でこそ、特例法は当たり前のように存在し、毎年 800 名を超える人が戸籍の法律を変更しています。しかし、特例法が成立したのは 2003 年のことで、その前はそのような法律はなかったわけです。2000 年時点で先進国の G 7 の中で、法律上の性別が変更できないのは日本とイギリスだけでした。「どっちが先に法律できるかな？」なんてことを話題にしていたものでした。

　そんな現状を打破すべく、現在大阪府立大学教授の東優子先生と筆者で、2000 年 8 月神戸で開催された第 6 回アジア性科学学会において「Transsexual, Law, Medicine in Asia 性転換の法と医学」というシンポジウムを企画し、性同一性障害の法律問題の議論を行いました。

　このシンポジウムには当時、自民党の参議院議員だった南野知恵子先生も参加していました。南野先生は助産師でもあり、筆者が理事を務めている日本性科学会の会員でもありました。そういったこともあり、性同一性障害の戸籍問題に大きな関心をもたれました。シンポジウム後には、筆者や法律学者の大島俊之先生と意見交換をし、自民党内で性同一性障害の勉強会を

9 「性同一性障害者の性別の取扱いの特例に関する法律」はどうなるだろう?

開催することを決意されました。

1カ月後の2000年9月11日にさっそく第1回性同一性障害勉強会が開かれました。野中広務議員や馳浩議員などの自民党の国会議員、議員秘書、法務省、厚生省の関係者が集まり、筆者が性同一性障害の医学的概念についての講義を行いました。その後勉強会は第2回、第3回と回を重ねます。

2000年8月アジア性科学学会シンポ:性転換の医療と法。大島俊之先生は「性同一性障害をめぐる法的諸問題」を報告。

当時の民主党でも山花郁夫衆議院議員が中心になって、2002年12月より「人権政策会議」で毎月、性同一性障害の問題が議論されることになりました。この会議にも、筆者も参加させていただきました。

世論や虎井まさ衛さん(3年B組金八先生で上戸彩が演じた性同一性障害の生徒役のモデルといわれる)を中心とした当事者運動の盛り上がり、大島俊之先生が支援した当事者の戸籍変更を求める裁判、上川あや氏がトランスジェンダーをカムアウトして世田谷区議に当選したことなどもあり、2003年7月10日に反対票なく特例法は成立しました。特例法の制定に当たっては、ドイツの法律など、海外での法律の要件も参考に作られました。

法律の中身はざっと以下のような内容です。

性同一性障害と 2 名の医師が診断していること。

そのうえで以下の要件を満たすこと。

一　20 歳以上であること。

二　現に婚姻をしていないこと。

三　現に子がいないこと。

四　生殖腺がないこと又は生殖腺の機能を永続的に欠く状態にあること。

五　その身体について他の性別に係る身体の性器に係る部分に近似する外観を備えていること

　三の「現に子がいないこと」は、世界的にみて、日本だけに見られた要件ですが、ほかの要件については、ドイツの法律などを参考にし、ほぼ当時の世界標準の内容でした。

　また、三の「現に子がいないこと」は、その後 2008 年に「現に未成年の子がいないこと」に改訂されることになります。

(2)　ステファン・ウィットル

　特例法ができてから間もなく、2003 年 9 月、ハリー・ベンジャミン国際性別違和協会（現在の「世界トランスジェンダー・ヘルス専門家協会」）という、性別違和に関する国際学会がベルギーのゲントで開かれました。

　私も出席しました。日本の特例法について報告するためです。「日本もついに法律ができました！」と張り切って出かけたの

9 「性同一性障害者の性別の取扱いの特例に関する法律」はどうなるだろう？

です。

つたない英語でなんとか、発表をしました。しかし、「現に子がいないこと」という要件は、海外の法律では含まれない要件であったこともあり、会場で聞いていた人々は、怪訝そうな表情になりました。

性同一性障害特例法制定と成立に貢献した南野議員の話を伝える新聞。

そして、報告が終わると、質疑応答では一斉に挙手されて、「なぜ子供がいると変更できないのか」、「子供がいると一生変更できないのか」と次々に質問されました。「日本には戸籍制度というものがあって……」、「日本の保守的政治家は親子関係を大切にし……」など、必死に説明しましたが、皆さん納得できないご様子のまま、わたしの発表時間は終わったのです。

そのあとに、発表したのがイギリスのステファン・ウィットル Stephen Whittle でした。彼自身トランスジェンダーなのですが、法律学者でもあり、イギリスにおける立法運動の中心的人物でした。日本と同様に、性別が変更できなかったイギリスでもついに法案ができたのです。「gender recognition bill」（性別承認法案）といいます。その法案についての発表です。

そこで示された法案は驚くべきものでした。

おもな要件としては、

・性別違和と診断されていること。

・2年間その社会的性役割でくらしていること。

・独身であること。

だけだったのです。

つまり手術要件がなかったのです。手術要件とは、日本の特例法で言えば、

　　四　　生殖腺がないこと又は生殖腺の機能を永続的に欠く状
　　　　態にあること。

　　五　　その身体について他の性別に係る身体の性器に係る部
　　　　分に近似する外観を備えていること

の2要件のことです。

手術要件がないのは当時世界中どこにありませんでした。歴史的、画期的、革命的な法案だったのです。

会場は感嘆につつまれ、発表が終わった時には、スタンディングオベーションがいつまでも続きました。

まるでスーパースターのコンサートのラストのようでした。ステファン・ウィットルかっこよすぎです。

セッションが終わると、私はイギリスと日本の差におちこみ、がっくりとうなだれ会場の片隅でへこんでいました。すると、そんな私の所にステファン・ウィットルが近づいてきました。

「ドヤ顔でマウンティングされるのかな」

と嫌な気持でいっぱいになりました。

しかし、ステファン・ウィットルは、日本の現状や法律の

9 「性同一性障害者の性別の取扱いの特例に関する法律」はどうなるだろう?

ステファン・ウィットル(右)と筆者

制定過程など私の話を、静かに聞いてくれました。私がひとしきり話すと、「社会というのは少しずつしか変わらないからね。一緒に頑張ろう We must work together」と言ってくれました。
　泣いた。

(3) 生殖不能要件なしは、国際標準に

　イギリスの性別承認法案は、翌年の 2004 年「Gender Recognition Act 2004(2004年性別承認法)」として、無事成立します。そしてこの画期的だった「手術要件(=生殖不能要件)がいらない」というのは、ヨーロッパを中心に、世界の先進国のスタンダードになっていきました。
　その後、さらに考え方は進んでいき、「法的性別の変更の要件に生殖不能要件を入れるのは人権侵害である」という考え方

129

が国際的スタンダードになっていったのです。

たとえば2014年に、WHO、国連合同エイズ計画（UNAIDS）、国連人口基金（UNFPA）、国連開発計画（UNDP）、国連難民高等弁務官事務所（UNHCR）、国連人権高等弁務官事務所（OHCHR）が出した、「強制・強要された、または不本意な断種手術の廃絶を求める共同声明」（'Eliminating forced, coercive and otherwise involuntary sterilization - An interagency statement'）にはこう書かれています（著者訳）。

「多くの国では、トランスジェンダーとしばしばインターセックスの人も、性別差別のない扱いを受けたり、法的性別の変更の要件として、しばし望んでいないこともある去勢手術を受けることが必要である。

国際および地域の人権団体、およびいくつかの憲法裁判所によれば、また最近の数か国での法的変更を考慮すると、これらの去勢要件は、身体統合、自己決定、人間の尊厳への敬意に反するものであり、トランスジェンダーとしばしばインターセックスの人に対する差別を引き起こし助長するものとなりうる」

（4）　最高裁判決

日本では特例法に関する議論は、主に「現に子がいないこと」という要件に関心が集まり、生殖不能要件ともいえる、「四　生殖腺がないこと又は生殖腺の機能を永続的に欠く状態にあること」に関しては、あまり議論されることがありませんでした。

9 「性同一性障害者の性別の取扱いの特例に関する法律」はどうなるだろう?

しかし、ここ数年、日本でも生殖不能要件の是非について、関心がもたれるようになっています。

きっかけのひとつは、当事者の起こした裁判です。この当事者は出生時には女性だったのですが、男性としての性自認を持ち、子宮卵巣の摘出はしないまま、男性への戸籍の性別変更を求めます。生殖不能要件は違憲であるとして、裁判で最高裁まで争います。2019年1月、最高裁判決がでます。判決は、生殖不能要件は、違憲要件ではない、というものでした。裁判で敗れはしたものの、最高裁まで争ったことや、最高裁判決文でも「このような規定の憲法適合性については不断の検討を要するものと」、踏み込んだ内容だったため、生殖不能要件について、国内外の関心が高まっているのです。

GID学会でも、WHO等国連諸機関の「強制・強要された、または不本意な断種の廃絶を求める共同声明」を支持する決議を理事会でしています。

(5) 「性別違和」、「性別不合」への変更と特例法

前置きが長かったですが、ここからが本題です。

最近、「性同一性障害」から「性別違和」、「性別不合」への変更に絡めて、特例法の生殖不能要件を議論するものを目にします。それに対する私なりの考えを述べていきたいと思います。絡めた議論としては、たとえば2019年5月に「世界トランスジェンダー・ヘルス専門家協会」(WPATH)が日本の法務大臣、厚生労働大臣にあてた書簡があります。書簡全体としては、

手術要件の撤廃の要求を求めたものですが、「WPATH は日本政府に対し、断種要件を廃止し、アメリカ精神医学会（APA）および世界保健機関（WHO）の基準に沿った診断要件となるよう見直しを勧告します。」といった個所もあります。

　私は、WPATH の会員でもありますので、こういった要望をしていただくことは、特例法の改正に向けて、国際的な動向を国に伝えていただき、ありがたいと感じるのですが、ただ、この個所はどうも論理性に欠ける気がします。

　この２つの基準は、性別違和と性別不合のことを指すと思いますが、すでに述べたように、この２つは重なる部分も多いですが、別物です。両方の診断基準に従うことは不可能です。特例法制定の前には、私も法務省や法制局の役人のかたがたとも議論する機会を得ましたが、彼らは論理を重んじます。２つの診断基準を挙げて、両方に従え、という要望は、論理性に欠け、お役人さんを説得するには、難しいものがあると思います。

　すでに述べましたように、日本が公式に採用しているのは、ICD ですので、性別不合の診断基準に従え、というのであれば、筋は通るし、いずれそうなるとも思います。ただし、ICD-11 の実効は 2022 年 1 月で、今は厚労省もその準備中なので、特例法のほうだけ今すぐ直せ、といっても難しいものがあると思います。

　また、性別不合が脱病理化したことに絡めて、手術要件撤廃を主張しているものもみかけます。

　例えば、「ヒューマンライツウオッチ」2019 年 03 月 19 日の「高すぎるハードル」というインターネット上の記事では、

9 「性同一性障害者の性別の取扱いの特例に関する法律」はどうなるだろう？

https://www.hrw.org/ja/report/2019/03/19/328061

「法務省への提言

・性同一性障害者特例法（平成15年法111号）を改正し、同法を国際人権基準及び医学上のベスト・プラクティスの基準に沿った内容にし、戸籍上の性別表記について、いかなる医学的条件の充足も必須とされることなく変更可能とすること。特に、性別適合手術と不可逆的な不妊という現在の要件、ならびに請求人に未成年者の子がいないとする要件を撤廃すること」

「厚生労働省への提言

・緊急に、世界保健機関（WHO）で新設された「性別不合（gender incongruence）」のカテゴリーを採用すると公式に発表し、法務省と連携して、性同一性障害者特例法がWHOの国際疾病分類第11版に沿って改正されるようにすること」

とあります。これはそれぞれの文章は理解できるのですが、2つ並べると、理解に苦しみます。

つまり、「性別不合」を採用すれば、それが医学的条件となり、法務省への提言「いかなる医学的条件の充足も必須とされることなく」と矛盾するように思えるのです。

ここから私見を述べます。

性同一性障害は精神疾患名でなおかつ、今後使われなくなる言葉なので、特例法の中で使われ続けるのはやはり問題があるでしょう。

133

ただ、特例法は「性同一性障害」という名称を使っていますが、とくに精神疾患である必然性はない法律だと思います。法律での「性同一性障害者」の定義は、医学的概念ではありますが、精神疾患でなくても特に構わないものだからです。定義は、

　「生物学的には性別が明らかであるにもかかわらず、心理的にはそれとは別の性別（以下『他の性別』という。）であるとの持続的な確信を持ち、かつ、自己を身体的及び社会的に他の性別に適合させようとする意思を有する者」

　とあります。

　定義中「意思」という言葉があります。法律用語ですので「意思を有する者」というのは物事の判断能力があるということになり、何らかの精神障害で判断能力が低下したりはしていないことを意味します。

　ですから、むしろほかの重篤な精神疾患でないことが、定義中に隠されています。

　ICD-11 に沿う形で、確かに多少の文言の訂正は今後、必要でしょう。「性別不合者特例法」などに直せば、ICD-11 とも、おおよその整合性は保たれるはずです。

　性別不合は確かに、脱精神疾患化された概念ですが、手術ができるようにリストに残された概念でもあります。ですから、性同一性障害が性別不合になったことを根拠に、手術要件の撤廃を主張することは論理上無理があると思います。

　性別不合も結局のところは医学的概念なのです。

　手術要件の撤廃は、そのような医学的モデルに頼るのでは

なく、「トランスジェンダーの性自認の尊重」という人権モデルから主張していくのが本筋ではないかと私は思います。

(6) 医療と法律

前節で、「性別不合に変わったことを理由に手術要件の撤廃は難しい」と述べました。ただし、医療の行いが、医療者の意図を超えて、法律に影響を与えうることはあります。

最近驚いたのは、先ほどの最高裁判決の補足意見の中で、ガイドラインへの言及があったことです。

「現在は、日本精神神経学会のガイドラインによれば、性同一性障害者の示す症状の多様性を前提として、この手術も、治療の最終段階ではなく、基本的に本人の意思に委ねられる治療の選択技の一つとされる」

とありました。我々が治療のために作成しているガイドラインが、最高裁判決にも影響を与えることを痛感しました。

ですから、性別不合への変更が、予想を超えて、法律や社会に影響を与えていく可能性も否定できません。

(7) WHOの立場

手術要件撤廃の議論になると、「性別適合手術がやっとできるようになったのに、それを『断種手術』呼ばわりして！」と怒る方もいます。

しかし、法的性別の変更要件から手術要件をはずそうとす

ることと、性別適合手術が適切に受けられるようにすることは矛盾することではありません。

WHOについて考えてみましょう。WHOは「強制・強要された、または不本意な断種の廃絶を求める共同声明」で、生殖不能手術要件を非難しています。

いっぽうで、WHOの作成したICD-11では「性別不合」として、手術ができるように医学的概念を提唱しています。

「WHOは手術に賛成か反対か？はっきりしろ！」と思う方は、二者択一的発想にとらわれすぎているのでは、と思います。

身体的な性別違和が強いタイプの人は、手術をする権利を保障すべきだし、身体的な性別違和の強くないタイプの人は、無理に手術をしなくても性自認に一致した法的性別で生活できるようにする、というとてもシンプルなことです。

人それぞれ違うのですから、求めるもの、求めないものもそれぞれ違うのです。違うそれぞれがいかに、それぞれの人権が守れるようにするかが、大事なことだと思います。

10

GID 学会の名称は
どうなるだろう？

この本を読んでいる多くの方には、何の関係のない話かもしれませんが、「GID学会の名称はどうなる？」という問題を最後に考えてみたいと思います。

　GID学会とは、正式にはGID（性同一性障害）学会といいます。会則を引用すれば「性同一性障害に関する研究の推進、知識の向上につとめるとともに、会員相互の親睦、交流をはかることを目的とする」学会です。1999年3月21日に「GID研究会」として発足し、途中名称を現在のものに変更しながら、20年を超える学会です。

　第20回大会は、私が学会長で御茶ノ水のソラシティで開催し、700名を超える参加者により、活発な発表や議論が行われました。

　GID学会は医療関係者だけでなく、性同一性障害に関心を持つ、法律、教育、社会学等、様な領域の専門家が会員となっています。日本における性同一性障害医療の普及や、人権の擁護に中心的な役割を果たしてきた学会といえるでしょう。

　そんなGID学会ですが、学会の名称の変更の問題が浮上しています。本書で述べたようにGID（性同一性障害）という病名がなくなるのですから、学会の名称も変更すべきだからです。

　学会名の変更は、GIDという病名が変更されることが確実視された、数年前より議論され始めました。しかし、正直なところ、この変更はなかなか難しい問題があります。

　シンプルに考えれば、「性別違和学会」か「性別不合学会」のどちらかに変えればいいじゃないか、と思うかもしれません。しかし、それぞれ問題があります。

10　GID学会の名称はどうなるだろう？

「性別違和」は精神疾患名です。ICD-11 の「性別不合」で、脱病理化されているのに、わざわざ精神疾患名である「性別違和」を学会名に用いるのはやはり問題でしょう。

「じゃあ性別不合学会にすればいい」と思うかもしれませんが、これも 2 つの問題があります。

第 1 の問題は、「性別不合」は、まだ正式な訳語ではないという事です。

ＧＩＤ学会ポスター

われわれはすでに「性別不合」の訳語を使っているのですが、訳語を最終的に決定する権限は、厚生労働省です。2022 年 1 月の実効の日まで、正式訳語は決定されない可能性があります。だからその前に「性別不合学会」に決めるのは、難しいのです。

「では 2022 年に性別不合学会にすれば？」という意見もあるでしょうが、「性別不合」を用いることには別の問題もあります。それは、すでに述べたように「性別不合」は「身体の性別違和が強く身体の治療を望むもの」という狭い範囲の概念だからです。GID 学会では、そういうタイプだけでなくもっと幅広くトランスジェンダーの様々な課題について発表や議論が行われているのです。

ただ最近は、学会が医学的問題にかなり比重を高めているのも事実です。第 2 代理事長を大島俊之先生が務めていた時代は、大島先生が法律学者でもあり、性同一性障害特例法ができる前後でもあり、特例法の制定や要件の見直しという大きなテ

左から筆者、コールマン、上川あや＝2008年

ーマがあり、学会でも法律問題がよく議論されていました。

　しかし、特例法が制定され、要件の見直しが一段落着くと、法律の議論はあまりされなくなります。大島先生のあと、現在第3代理事長を務めている産婦人科がご専門の中塚幹也先生の時代になってからは、医療中心の比重が高まっています。手術治療、ホルモン治療の保険適用が中心的課題となり、それに向けて、学会の中で認定医を作る制度の整備や、そのための講習会などに学会の力点が置かれるようになっています。学会の理事も、医師が多数を占めているのが現状です。

　海外の学会名に目を転じると、私も所属している、国際的な学会として The World Professional Association for Transgender Health（WPATH）というのがあります。日本語では「世界トランスジェンダー・ヘルス専門家協会」といいます。この学会は、もともと旧名が The Harry Benjamin International Gender Dysphoria Association（ハリー・ベンジャミン国際性別違和協会）といいました。ハリー・ベンジャミンは、性同一性障害の身体治療に非常に熱心だった内分泌科医です。この旧名が、2006 年に、新名称に変わったのです。

新名称に変わった理由を、元ハリー・ベンジャミン国際性別違和協会会長のイーライ・コールマン Eli Coleman 先生に聞いたことがあります。コールマン先生は、「ハリー・ベンジャミンは多くのパイオニアの 1 人にすぎない」、「Gender Dysphoria（性別違和）は pathological（病気として捉えた）な用語なので、より広範なトランスジェンダー transgender にした」、「より広い問題に対応すべく健康 health もいれた」といった理由を説明されていました。

ただ、すんなり変更されたわけではなく、2006 年に変更が発表されてからも、WPATH の学会用のメーリングリストでは「変更に納得いかない」、「変更の決定のプロセスがおかしい」、「もう一度議論をやり直せ」といった、意見が盛んに投稿されていたように記憶しています。

「性別違和」という疾患モデルに基づいた学会名から、「トランスジェンダーの健康」という非疾患モデルに基づいた学会名への変更ですので、多くの反対意見が出るほど劇的だったという事かもしれません。

そういうことを参考にすると、GID 学会の新名称は「トラ

ンスジェンダーの健康学会」あたりでいい気もしますが、日本では「トランスジェンダー」という言葉はあまり人気がない、あるいは反医療のニュアンスが強すぎる、といった問題もありそうです。ですから、この名称で即決というわけにもいかないでしょう。

　推測としては「性別不合学会」か「トランスジェンダーの健康（なんとか）学会」の二択になる気がします。

　「性別不合学会」であれば、最近の学会の流れ通りに、より医療に特化した学会になっていくという事です。

　「トランスジェンダーの健康（なんとか）学会」であれば、医療モデルにとらわれず、より幅広くトランスジェンダーの健康等について考えていく学会という事になるでしょう。

　このように学会名の変更は、GID 学会にとって、「我々は何者か　我々はどこへ行くのか」という根源的な問いにもかかわる、難問なのです。

　まあさすがにあと数年で決着はつくとは思いますが……。

最終章

トランスジェンダーの
人権と健康

本書では、性同一性障害が、DSM-5 では「性別違和」にすでに変更され、ICD-11 では「性別不合」へと変更されることについて述べました。

　その変更は単なる名称の変更だけではなく、「精神疾患からの脱病理化」と「ホルモン療法や手術療法へのアクセスの継続」というややもすれば両立が困難になりかねない大きな二つの目標を達成するための、世界的な議論の中から生み出されたものでした。

　DSM-5 では、精神疾患として継続しながらも、その病理性を弱めるという妥協的な方法が用いられました。

　ICD-11 では、精神疾患の章から新たな別の章に移すという、画期的な方法が用いられました。精神疾患でなくなりながらも、治療のアクセスは継続できるという、素晴らしい解決策でした。

　本書では、主として、ガイドライン、特例法、保険適用といった筆者の比較的詳しい分野についての影響について論じました。しかし、実際にはもっとさまざまな場面で、この変更は社会に影響を与えていくでしょう。

　同性愛が脱病理化され約 30 年がたち、同性婚は世界のスタンダードになりつつあります。つい最近まで、日本では同性婚は遠い世界の話のようでしたが、尾辻かな子議員や石川大我議員といった、同性愛をオープンにした国会議員が当選するようになり、日弁連からも同性婚を認めるべきとの意見書が出されたりと、日本でも同性婚は現実的な課題となってきました。

　性同一性障害も、精神疾患という医療福祉モデルでこれまで論じられてきたものが、今後はトランスジェンダーの人権モ

最終章　トランスジェンダーの人権と健康

デルで、論じられる時代になるのでしょう。

　ただし、ICD-11 で示されたように、脱精神疾患化されることは、医療へのアクセスを困難にする結果をもたらすものではありません。医療を受けるのは当然の人権でもあるからです。

　「性同一性障害」モデルからの変革は、不安を感じる人もいるかもしれません。しかし、「性別不合」への変更は、どこかの偉い大先生が鶴の一声でやったわけでもないし、エキセントリックな活動家が強引に推し進めたものでもありません。この 20 年、30 年、世界中の当事者や関係する専門家たちが、真摯に議論し、知恵を絞って、作りだしたものです。理想的なものでも、完全なものでもないかもしれませんが、より少しでも良いものであろうと考えだされたものです。

　ICD-11 での、性別不合への変更の意味を皆が十分に理解することで、わが国でもトランスジェンダーの人権と健康が、一層進展していくようになればと思います。

　また、診断基準というものは、永久的なものではありませんので、いずれ来る次の改定に向けて、知見の蓄積と、議論の深まりが、今後も求められていくでしょう。

　この本がそういったトランスジェンダーの人権や健康の進展の一助になればと思います。

あとがき

　この本は、「性同一性障害が、ICD-11 では別の名称に変わるようなので、その解説書を書けないか」といった趣旨の依頼をうけたところから、執筆の企画がスタートしました。ただ、ICD-11 が、正式に効力を持つのは 2022 年のことです。それまでは、関係するいくつかのことは未定で流動的ですので、執筆依頼は断ろうと思いました。しかし、「流動的でもよい。ページ数は少なくてもよいから現状でわかることでもまとめられないか」と、再度依頼され、それではと、執筆を決意しました。

　正直なところ書き始めるまでは、「ひきうけたものの、あまり書くこともないなあ」と意欲もわかず、憂鬱な感じでした。30 代のころは、原稿を書きだすと、止まらなくなり、一挙に書き上げることもできたのですが、だんだんと遅筆になり、50 を過ぎたころからは、依頼原稿も、これまで書いた自分の文章を、再度切り貼りして、似たようなコピペ的文章を再生産する日々でもあったからです。

　しかし、不思議なことに本書は、書き始めると、パソコンのキーボードをタイプする指が止まらなくなりました。若かった時のように、オリジナルの文章が天から降ってきて、あっという間に 1 冊を書き終わりました。

　思えば、この分野に関わりだして、20 年以上がたち、言語

あとがき

化したいけどされずにいたさまざまな想念が私の中に積もって
いたのでしょう。それが、文章を書くことで一挙に爆発したと
いう感じでした。

　特に本書のテーマである、「性別の違和感がある人たちは、
差別、偏見を軽減するために、精神疾患から外すべきか。それ
とも医療的ケアへのアクセスを確保するために、疾患であり続
けるべきか」という問題は、ここ 20 年以上、世界中で議論さ
れていたことでした。

　日本でも当然議論され続け、私もあるときは診察室内での
受診患者さんとの診療で、ある時は当事者の集まりでの会話で、
ある時はインターネット上でのやり取りを見る中で、そういっ
た問題に触れ、いろいろと思うところはありました。

　ただ、医者という立場上、中立性が求められたり、発言の
責任が重たかったりする中で、自分の意見を気楽に述べる、と
いうわけにもいきませんでした。そのような状況で沈殿してい
った思いや考えが、私の中で蓄積されていたのでしょう。

　そういった経緯ですので、この本を書くにあたっては、専
門家による論文や文献も参考にはしましたが、むしろ、多くの
当事者との交流を通じて培われたものが執筆の土台となってい
ます。また、個人的な体験や思い出も、自由に書かせていただ
きました。インターネットが発達した現代社会ですので、検索
で知りえる一般的な知識より、個人的な体験談を残すことのほ
うが本としての価値があるのではとも考えたからです。

　この本の内容は、今後こうなっていくだろうという、未来
予測的な内容も多く含まれます。数年以内には、はっきりして

147

くることが多いので、予測本としては、数年後には価値はなくなるかもしれません。しかし、この変動の時代に、臨床にたずさわっていた精神科医が何を考えていたかを残すことには、ささやかな価値があるのではともひそかに思います。

　また、私の予測が、議論のたたき台になり、トランスジェンダーの人々の医療や人権をよりよくするための医学的あり方について、皆が考えていく手助けになれば、それにまさるものはありません。未来は予測するものではなく、みんなで作っていくものだと思うからです。

　最後になりますが、大島俊之先生について語りたいと思います。法律学者である大島先生は全精力を注いで、特例法の制定に尽力されました。トランスジェンダーの人権擁護に人生をかけて取り組まれたのです。大学教授や、GID 学会理事長という地位でいながら、偉ぶったところはまるでなく、いつも気さくに話し、お酒の席ではにぎやかに皆を笑わせてくれました。年の差を気にせず、筆者とも親しくしていただきました。

　だが残念なことに 2016 年に 68 歳で亡くなられたのです。存命であれば、本を読むのは早い先生だったので、この本を謹呈しても、30 分くらいでパラパラっと読み上げて、笑いながら感想をいただけたことでしょう。

　感謝をこめて大島先生にこの本を捧げたいと思います。

［著者略歴］

　　針間　克己（はりま　かつき）

　　東京大学医学部医学科卒業。東京大学医学部大学院博士課程修了。医学博士。東京家庭裁判所医務室等を経て、2008 年 4 月、千代田区神田小川町にて、はりまメンタルクリニック開院。
　　日本性科学学会理事。GID（性同一性障害）学会第 20 回大会学会長。日本精神神経学会「性同一性障害に関する委員会」委員。The World Professional Association for Transgender Health（WPATH）会員。
　　2000 年～ 2002 年、自民党の性同一性障害勉強会で講師を務める。2002 年、民主党の人権政策会議で性同一性障害についての講師を務める。ICD-11 の性の健康に関連する草案のレビュアー。
　　単著に『一人ひとりの性を大切にして生きる―インターセックス、性同一性障害、同性愛、性暴力への視点』（少年写真新聞社、2003）（『性非行少年の心理療法』（有斐閣、2001）、共著に『性同一性障害って何？―一人一人の性のありようを大切にするために』（緑風出版、2003）、『性同一性障害と戸籍―性別変更と特例法を考える』（同上、2007）、『セクシュアル・マイノリティへの心理的支援―同性愛、性同一性障害を理解する』（岩崎学術出版社、2014）、訳書に『私たちの仲間―結合双生児と多様な身体の未来』（緑風出版、2004）など多数。

JPCA 日本出版著作権協会
http://www.jpca.jp.net/

* 本書は日本出版著作権協会（JPCA）が委託管理する著作物です。
　本書の無断複写などは著作権法上での例外を除き禁じられています。複写（コピー）・複製、その他著作物の利用については事前に日本出版著作権協会（電話 03-3812-9424, e-mail:info@jpca.jp.net）の許諾を得てください。

性別違和・性別不合へ　性同一性障害から何が変わったか

2019 年 9 月 15 日　初版第 1 刷発行　　　　　　　定価 1600 円＋税

著　者　針間克己 ©

発行者　高須次郎

発行所　緑風出版
　　　　〒 113-0033　東京都文京区本郷 2-17-5　ツイン壱岐坂
　　　　［電話］03-3812-9420　［FAX］03-3812-7262［郵便振替］00100-9-30776
　　　　［E-mail］info@ryokufu.com［URL］http://www.ryokufu.com/

装　幀　斎藤あかね
制　作　R 企画　　　　　　　　印　刷　中央精版印刷・巣鴨美術印刷
製　本　中央精版印刷　　　　　用　紙　中央精版印刷・大宝紙業　　　　E2000

〈検印廃止〉乱丁・落丁は送料小社負担でお取り替えします。
本書の無断複写（コピー）は著作権法上の例外を除き禁じられています。なお、
複写など著作物の利用などのお問い合わせは日本出版著作権協会（03-3812-9424）
までお願いいたします。
Katsuki HARIMA© Printed in Japan　　　　　ISBN978-4-8461-1915-7　C0036

◎緑風出版の本

■全国どの書店でもご購入いただけます。
■店頭にない場合は、なるべく書店を通じてご注文ください。
■表示価格には消費税が加算されます。

プロブレムQ&A

性同一性障害って何？ [増補改訂版]
[一人一人の性のありようを大切にするために]

野宮亜紀・針間克己・大島俊之・原科孝雄・虎井まさ衛・内島 豊著

A5判変並製　二九六頁　2000円

性同一性障害は、海外では広く認知されるようになったが日本ではまだまだ偏見が強く難しい。性同一性障害とは何かを理解し、それぞれの生き方を大切にする書。五刷りを重ねた入門書として定評のロングセラーに最新情報をプラス！

プロブレムQ&A

性同一性障害と戸籍 [増補改訂版]
[性別変更と特例法を考える]

針間克己・大島俊之・野宮亜紀・虎井まさ衛・上川あや著

A5判変並製　二一六頁　1800円

性同一性障害が認知されるようになり、戸籍変更を認める特例法が制定された。しかし、要件が厳しいため、今なお、苦しんでいる人もいる。専門家と当事者がていねいに問題点を検証。特例法改正を踏まえ内容を刷新し、最新情報も！

私たちの仲間
―結合双生児と多様な身体の未来

アリス・ドムラット・ドレガー著／針間克己訳

四六判上製　二七二頁　2400円

結合双生児、インターセックス、巨人症、小人症、口唇裂……多様な身体を持つ人々。本書は、身体的「正常化」の歴史的文化的背景をさぐり、独特の身体に対して変えるべきは身体ではなく、人々の心ではないかと問いかける。

Xジェンダーって何？
―日本における多様な性のあり方

Label X　編著

四六判並製　二六〇頁　2000円

多様なセクシュアル・マイノリティのうち特にXジェンダーを取り上げ、Xジェンダーとは何かを様々な角度から紹介。当事者や医者など多様な執筆陣が、初心者向けに分かりやすく論じた世界初のXジェンダー書籍です。